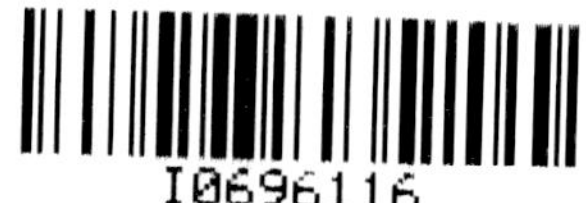
I0696116

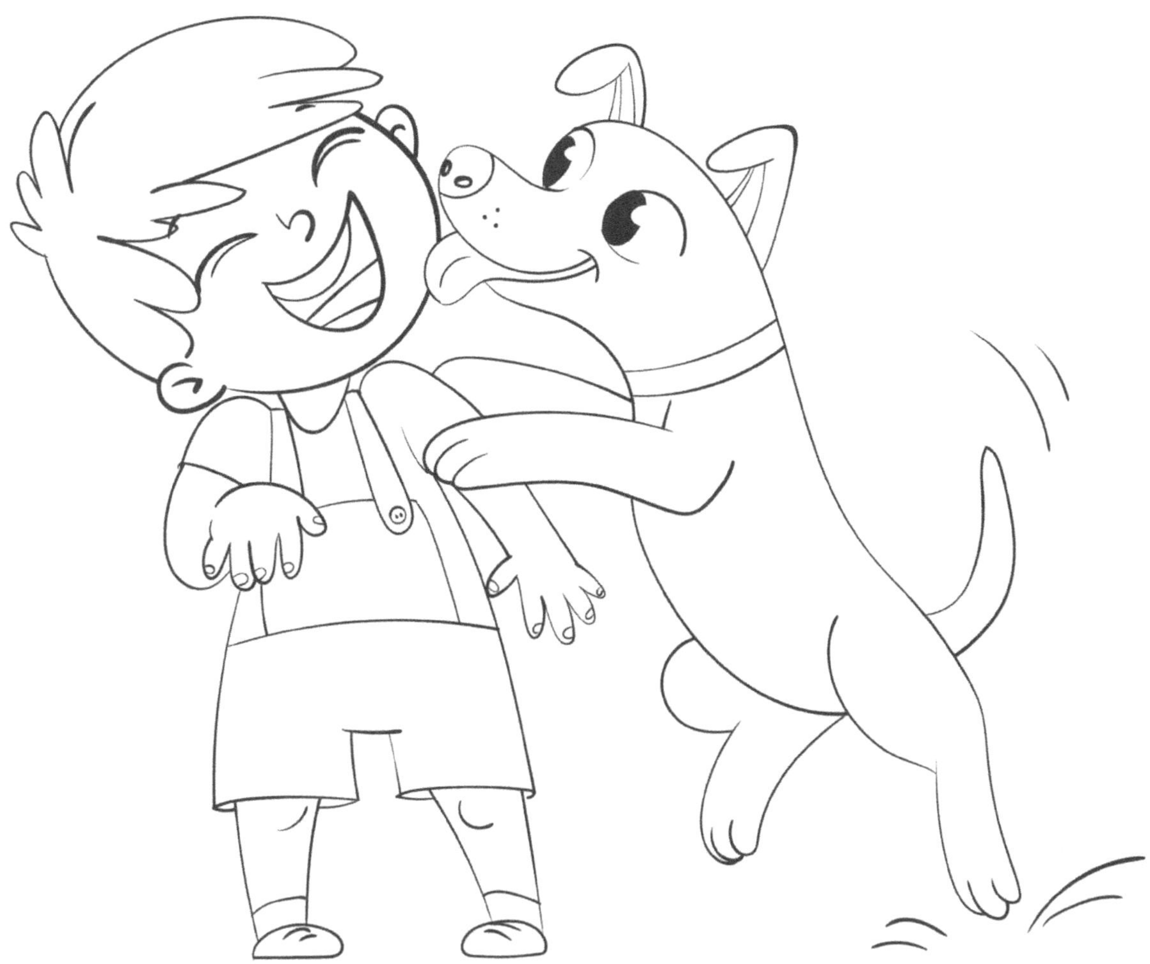

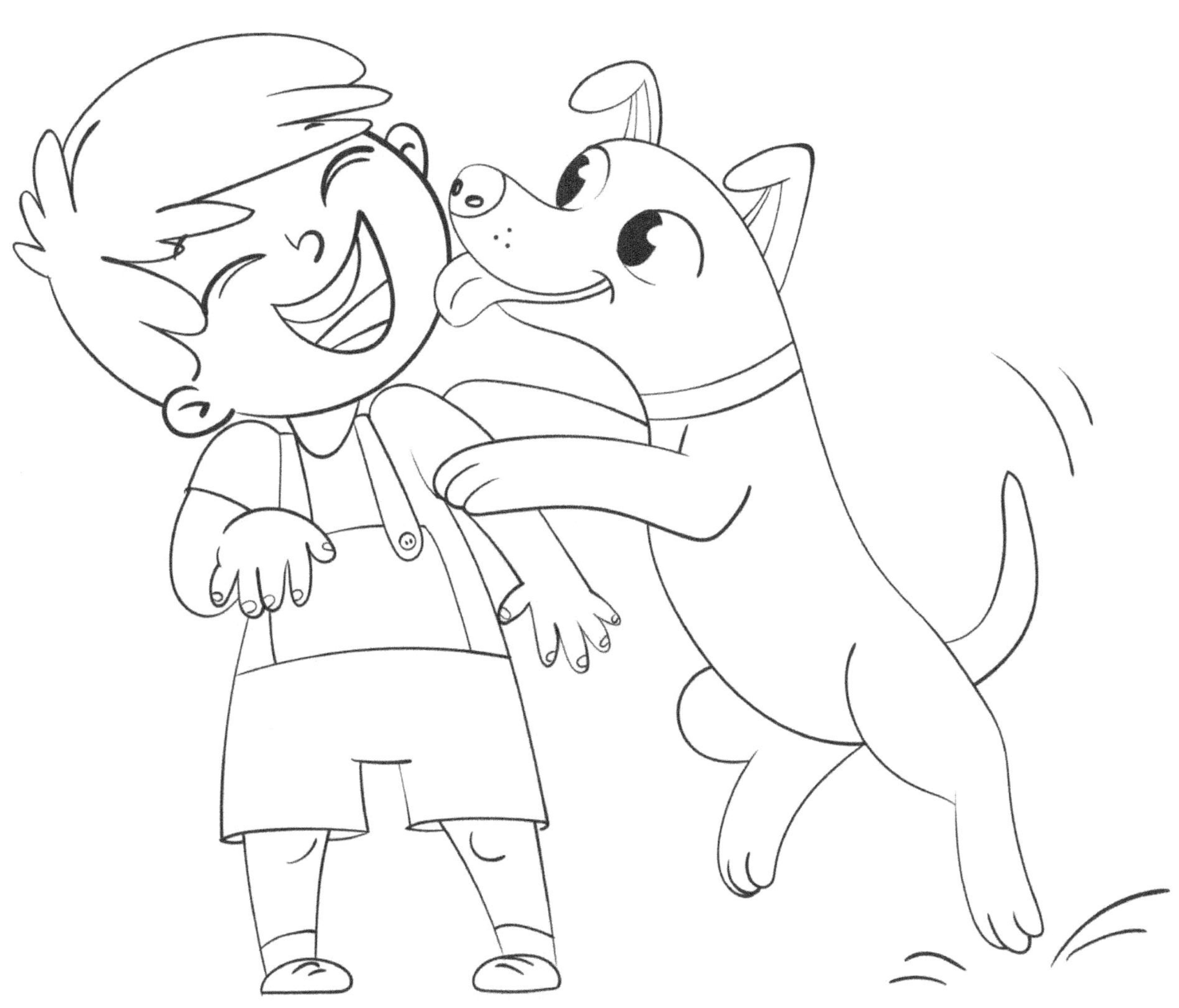

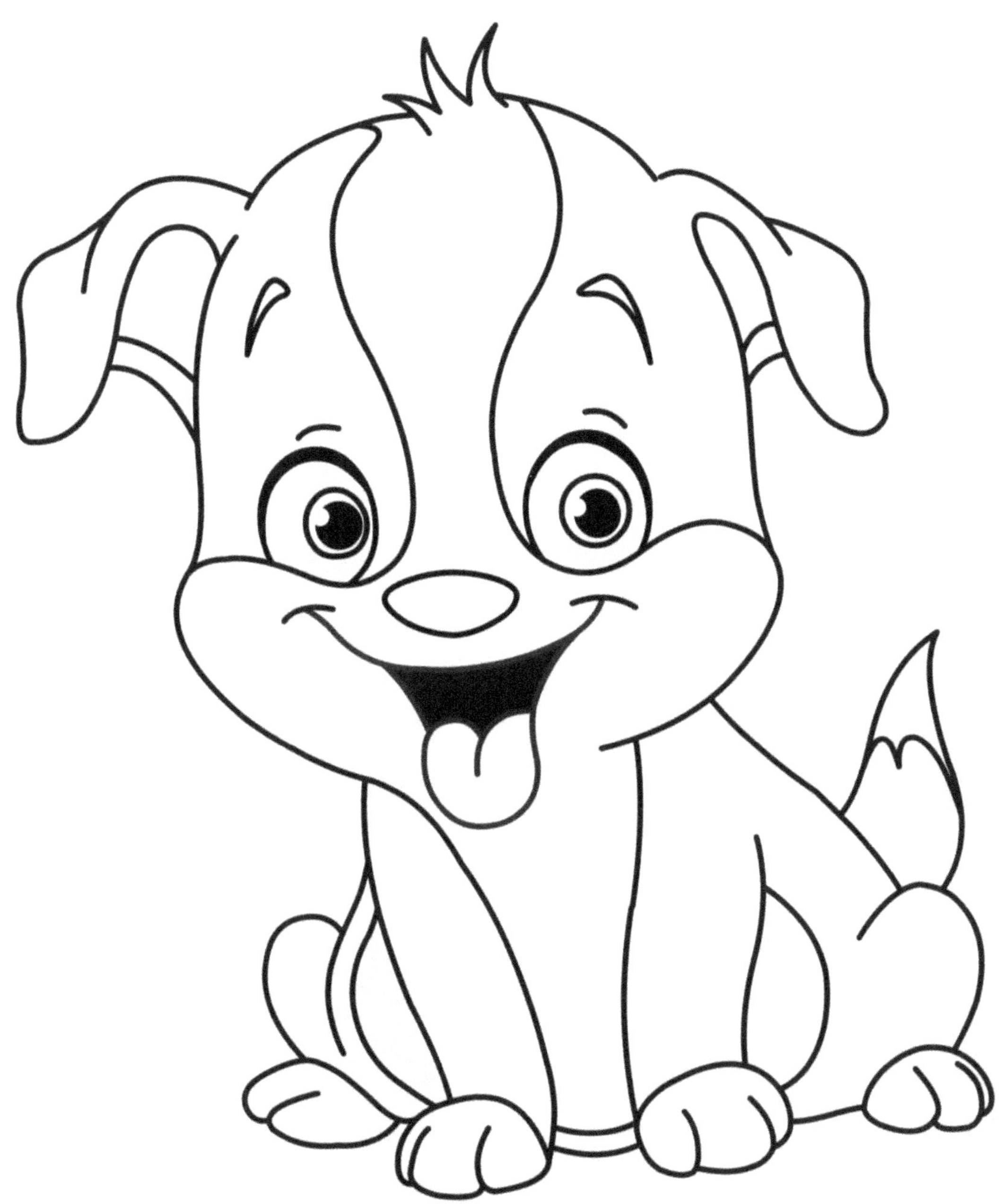

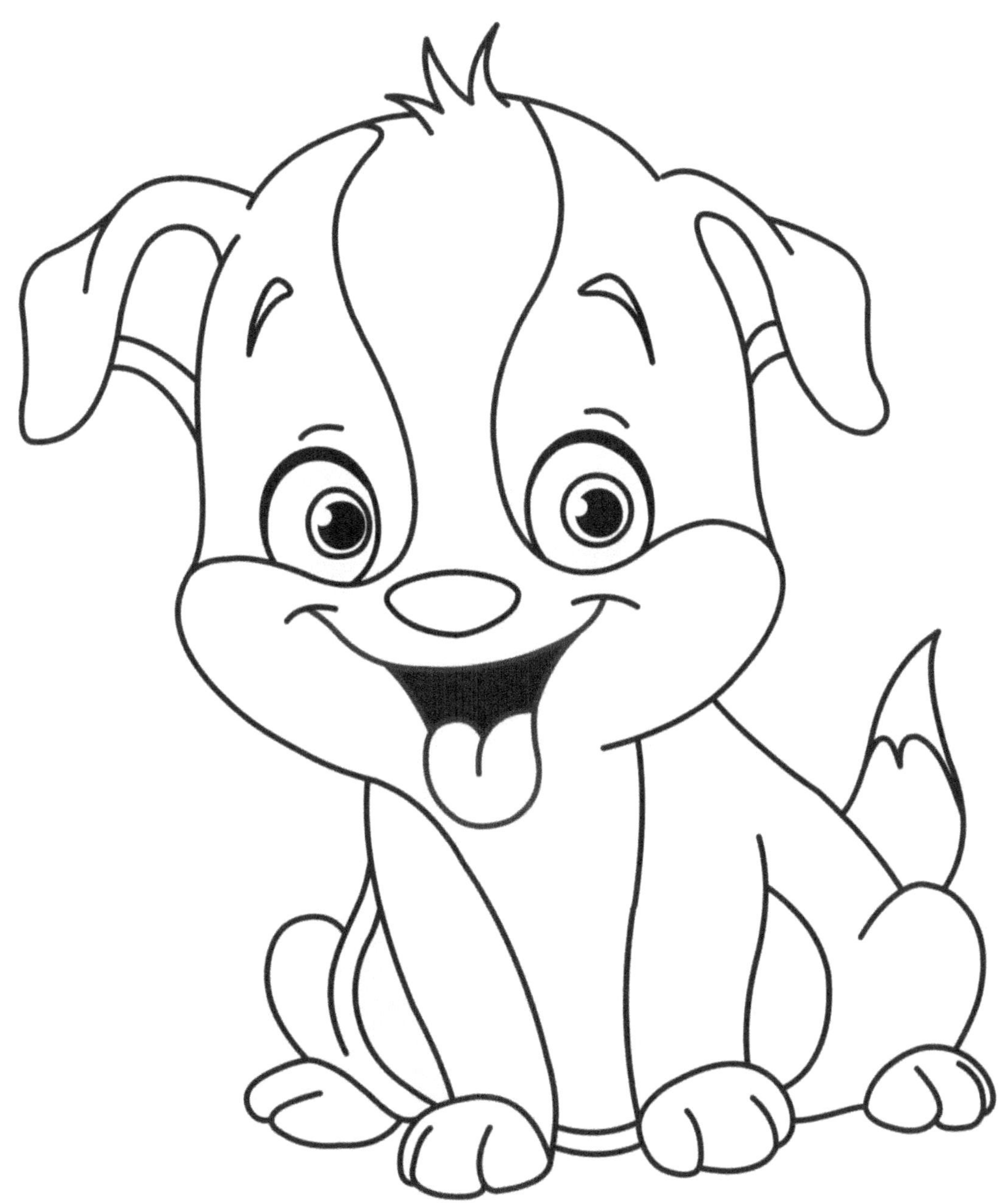

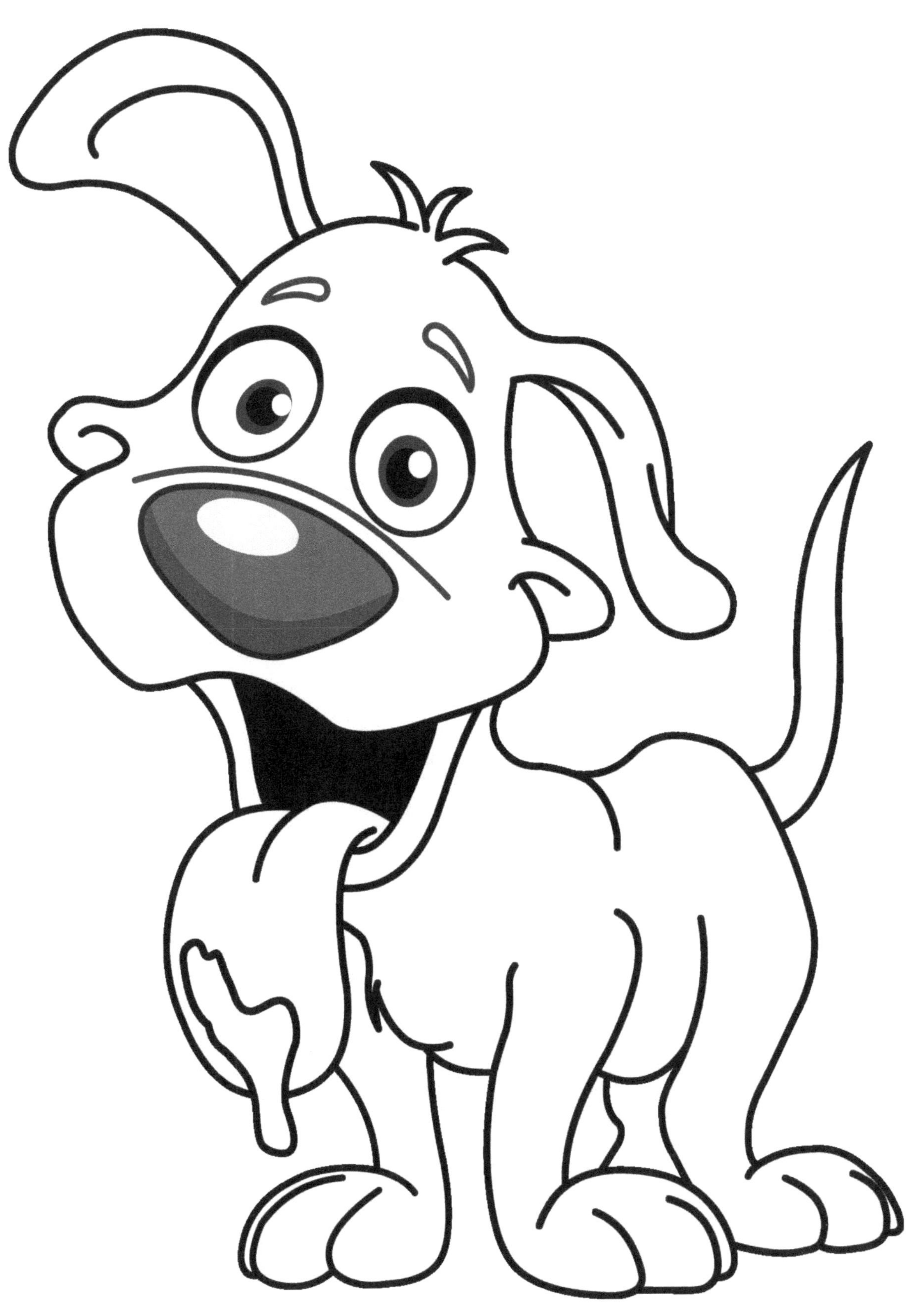

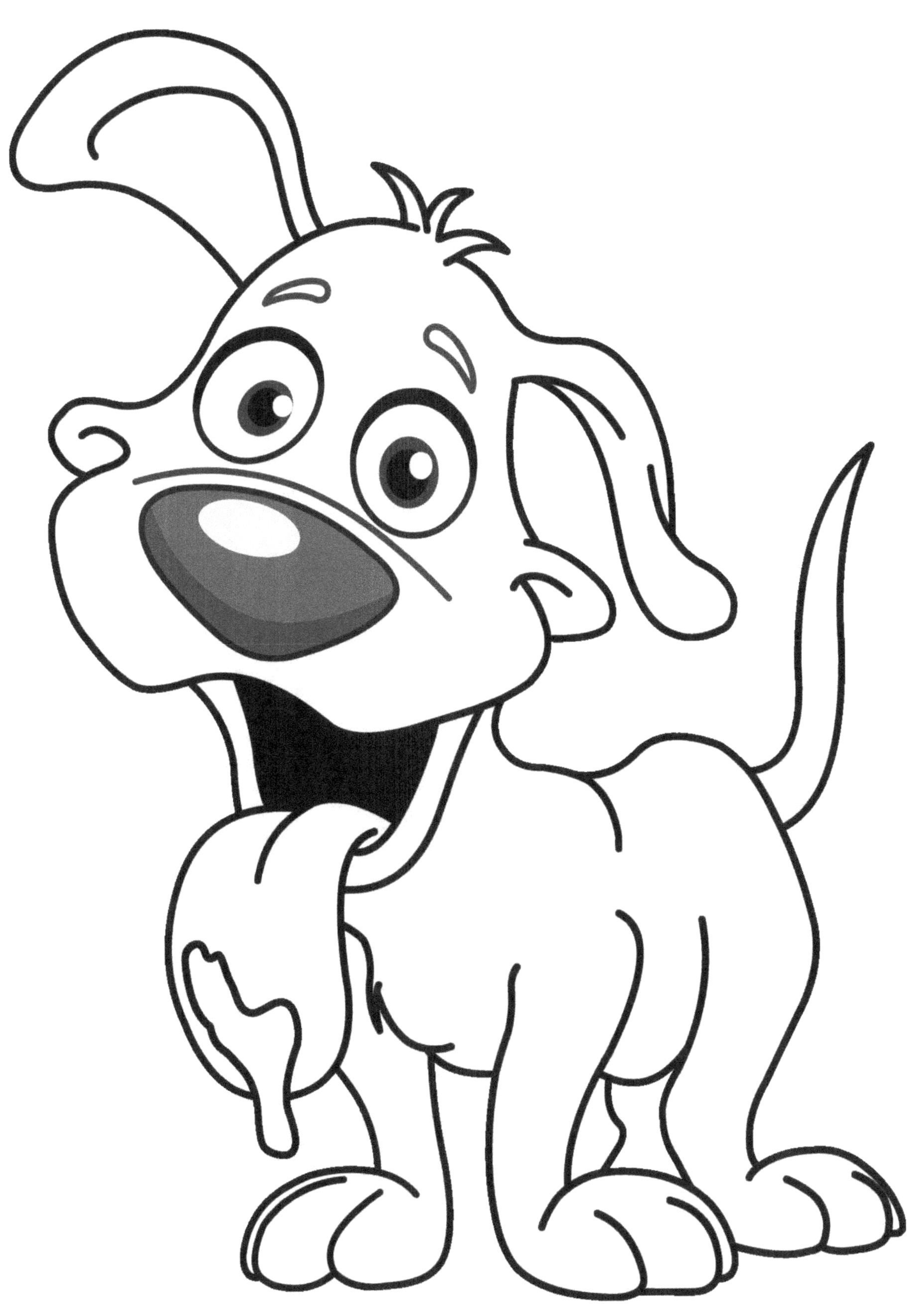

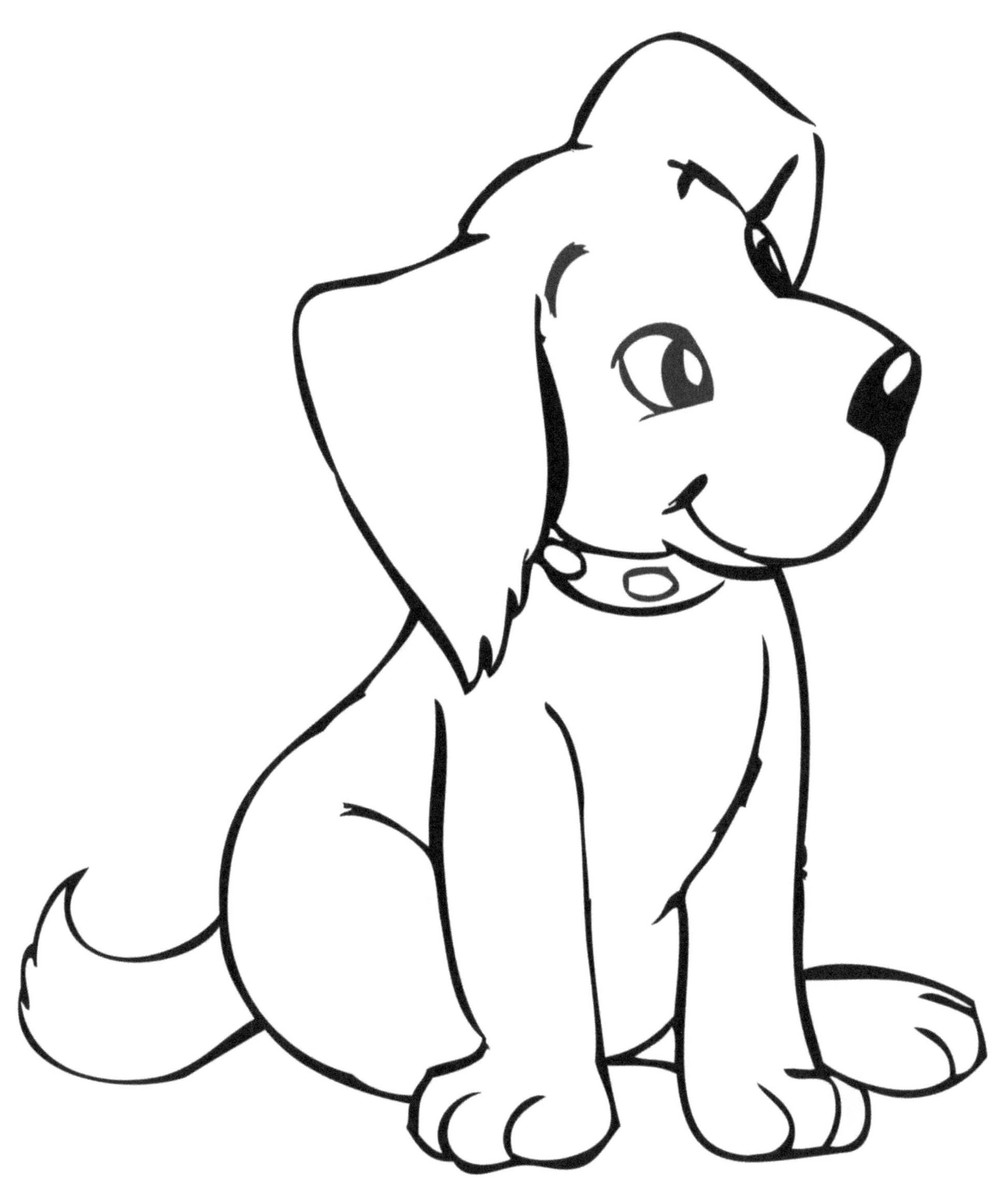

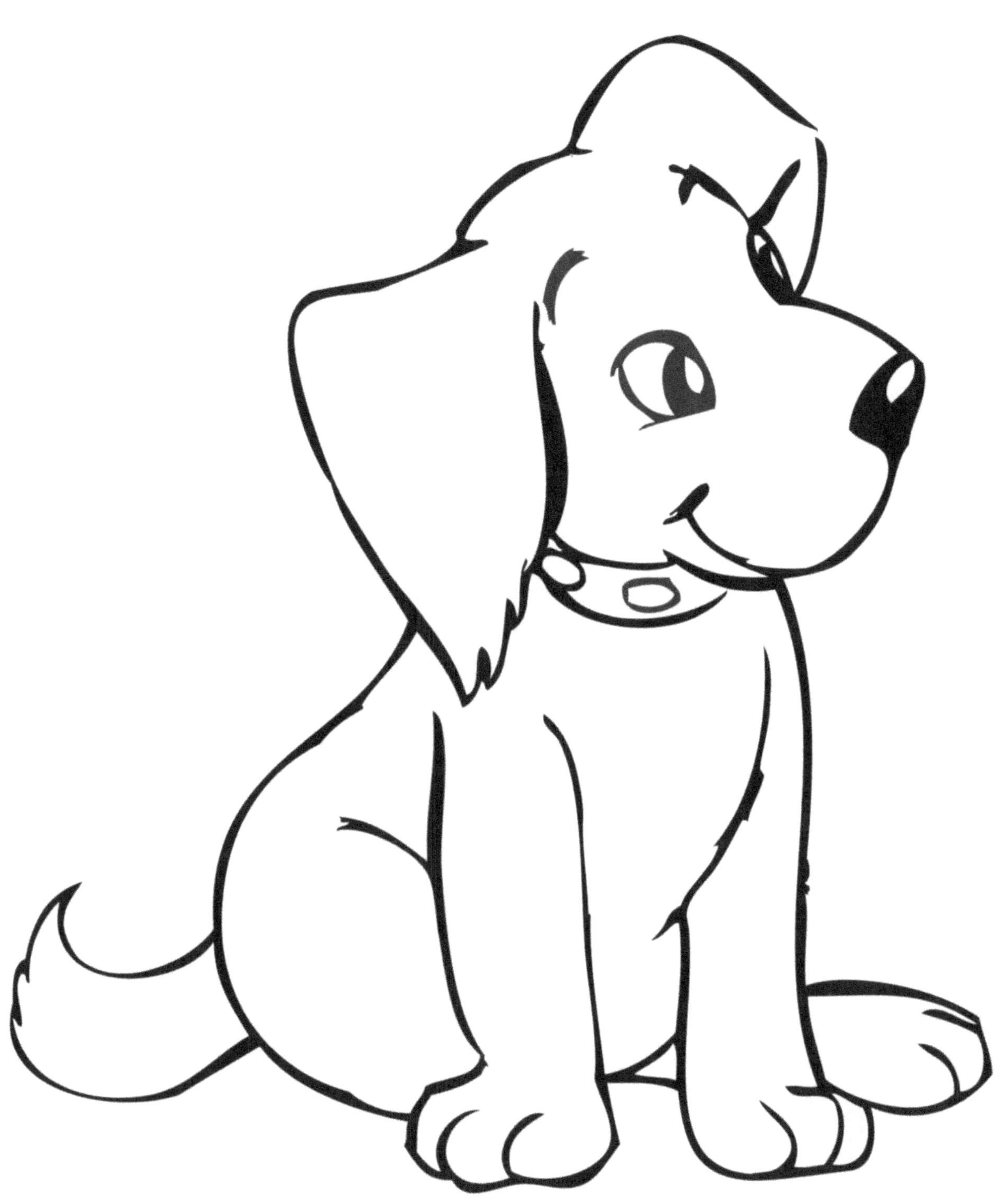

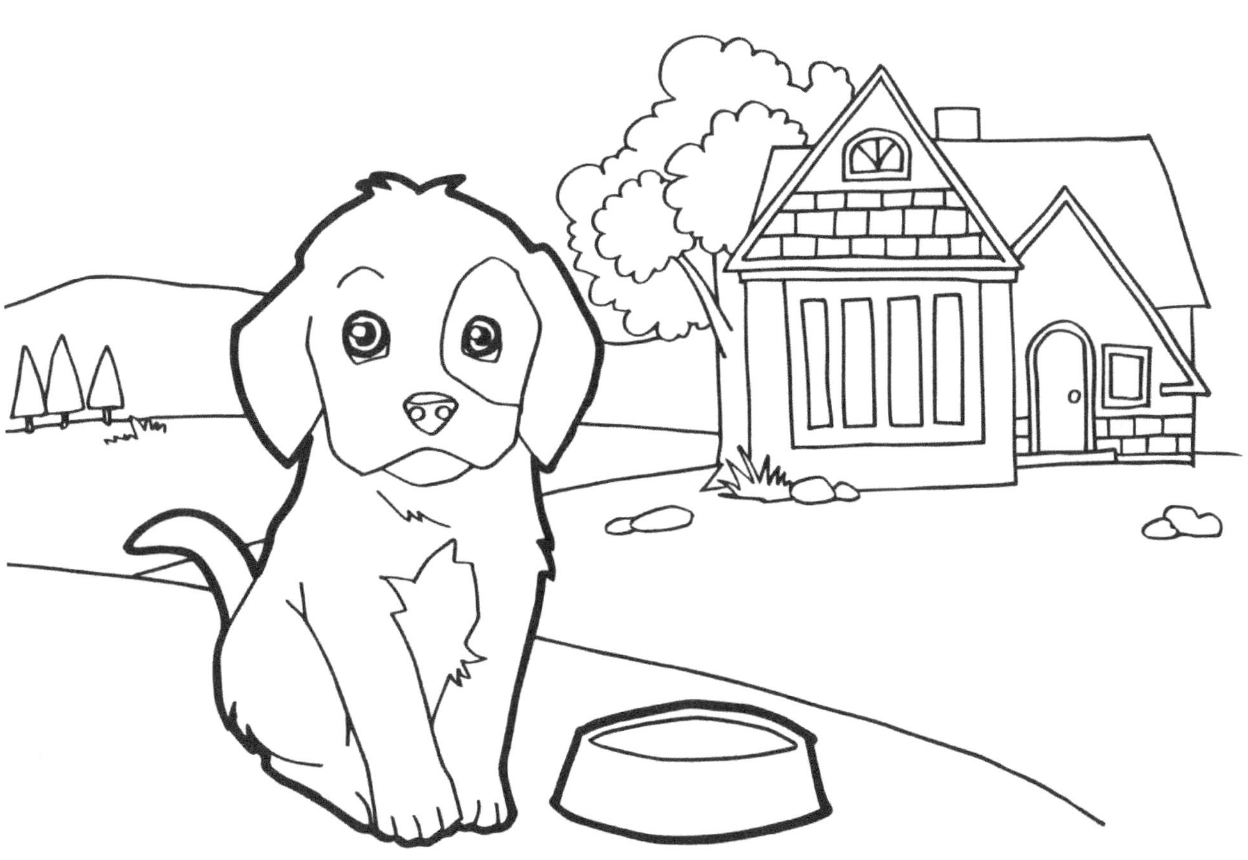

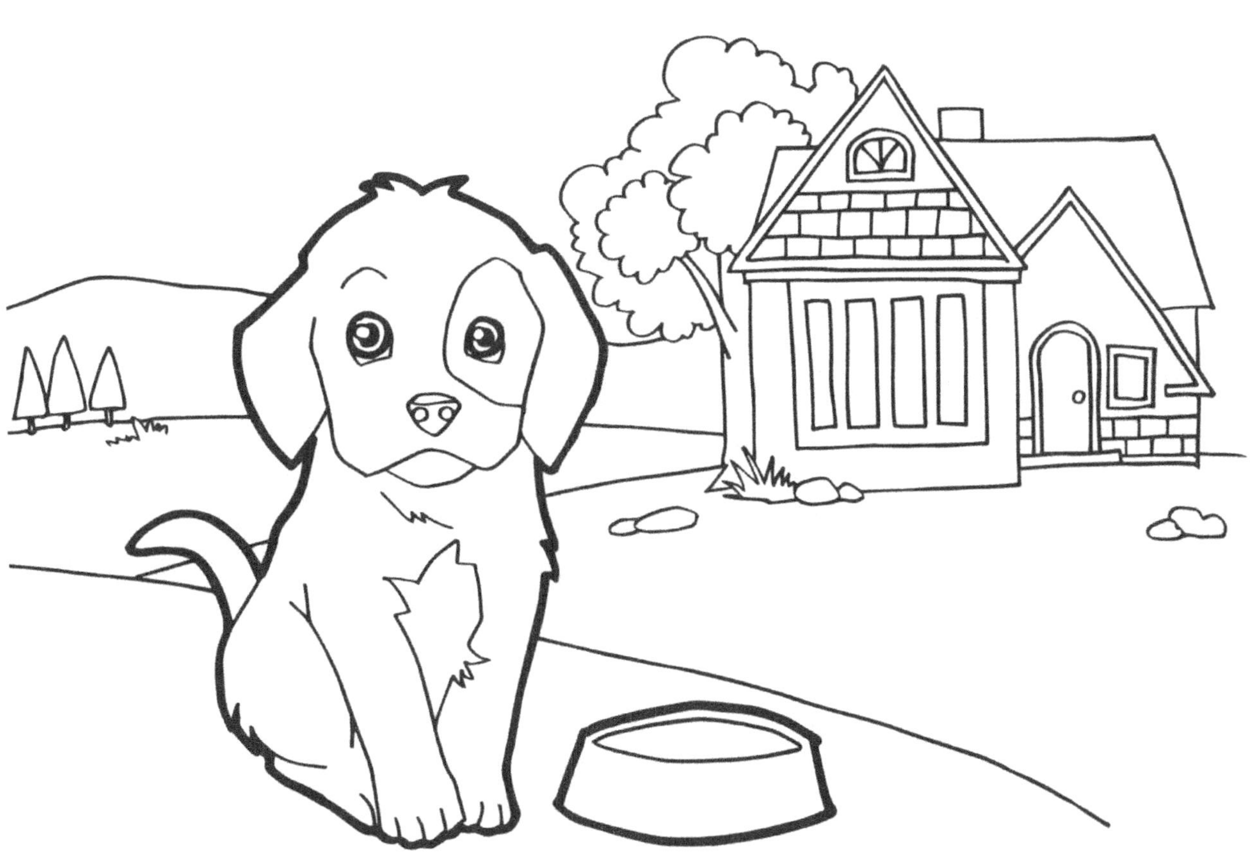

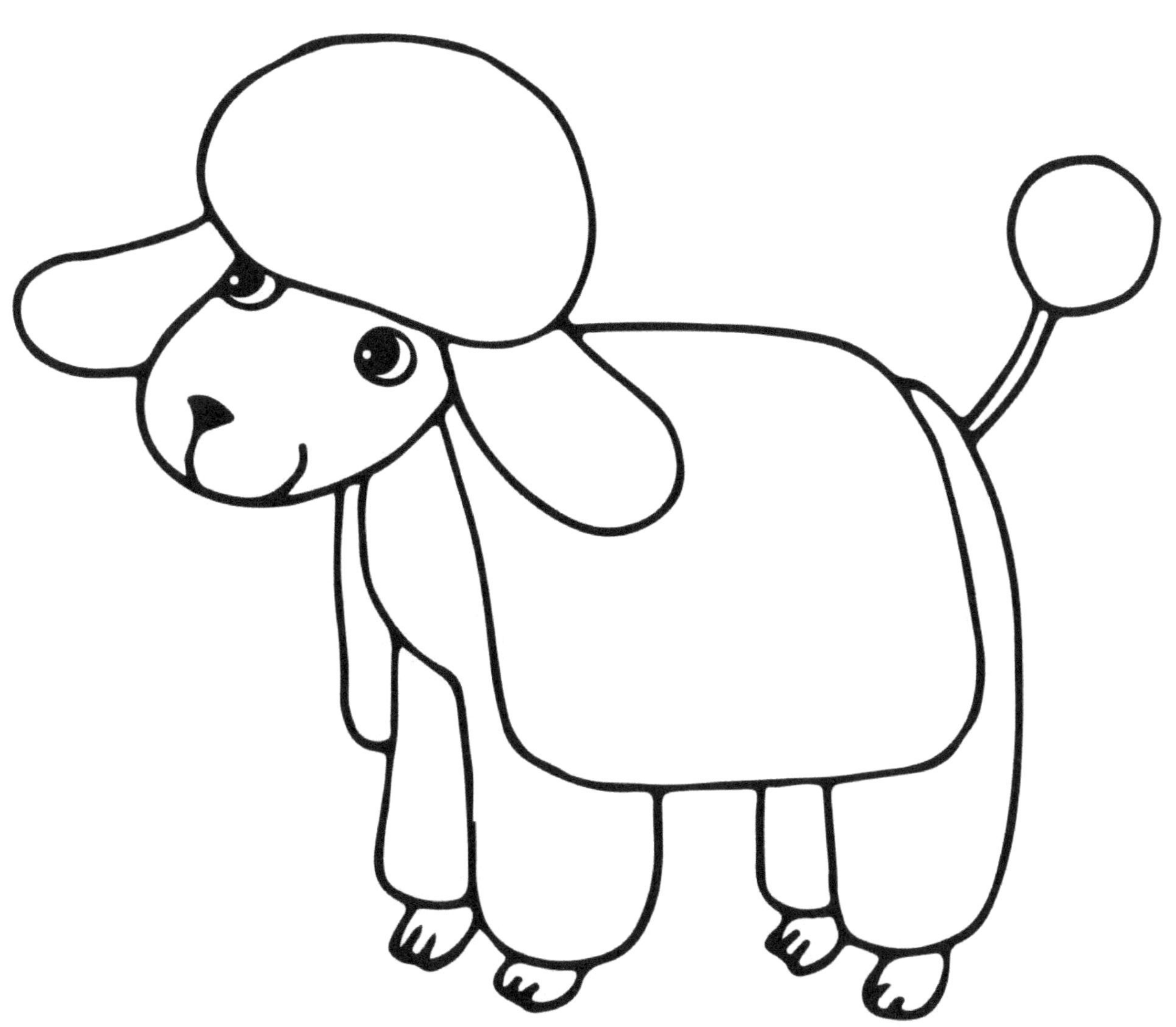

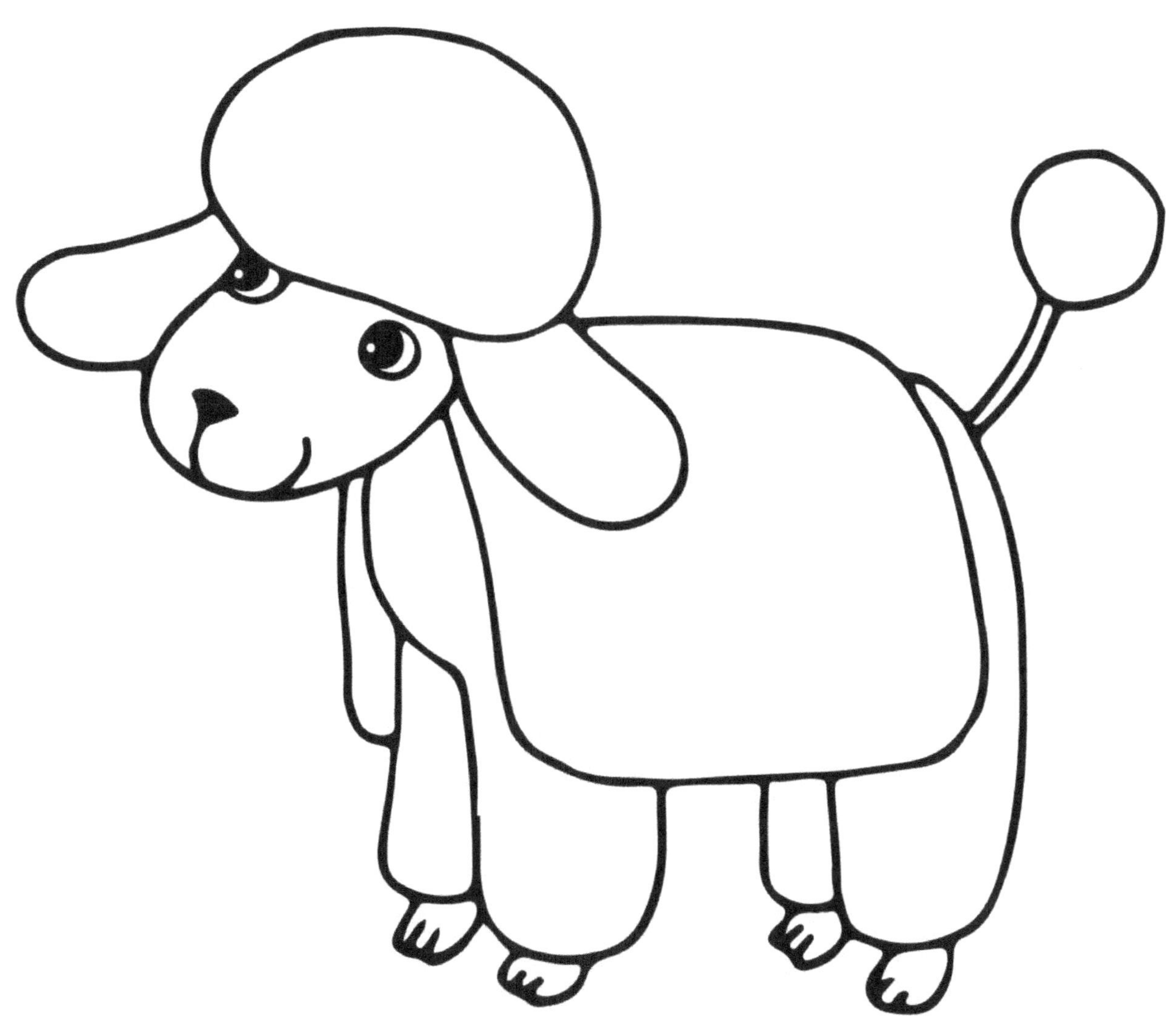

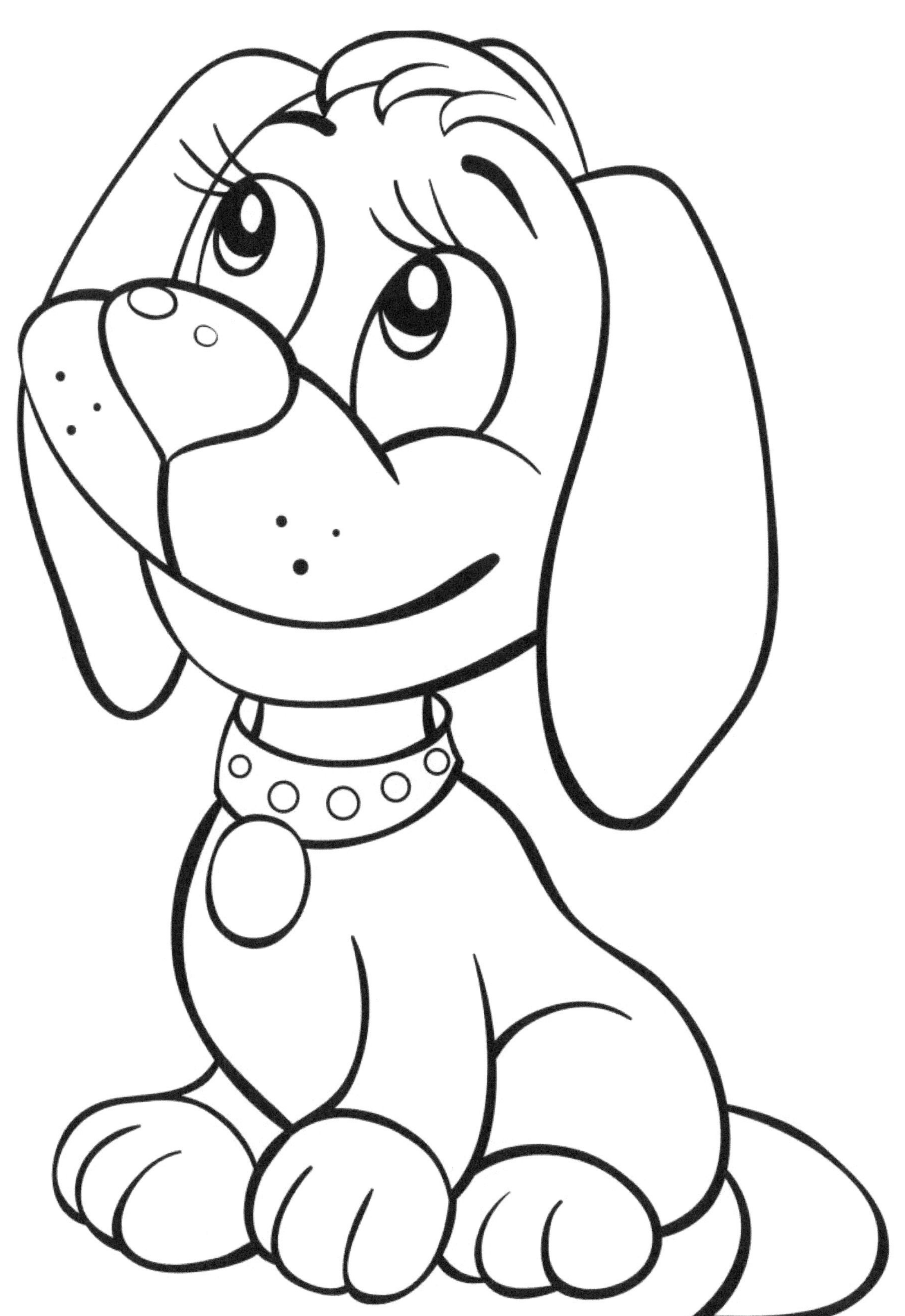

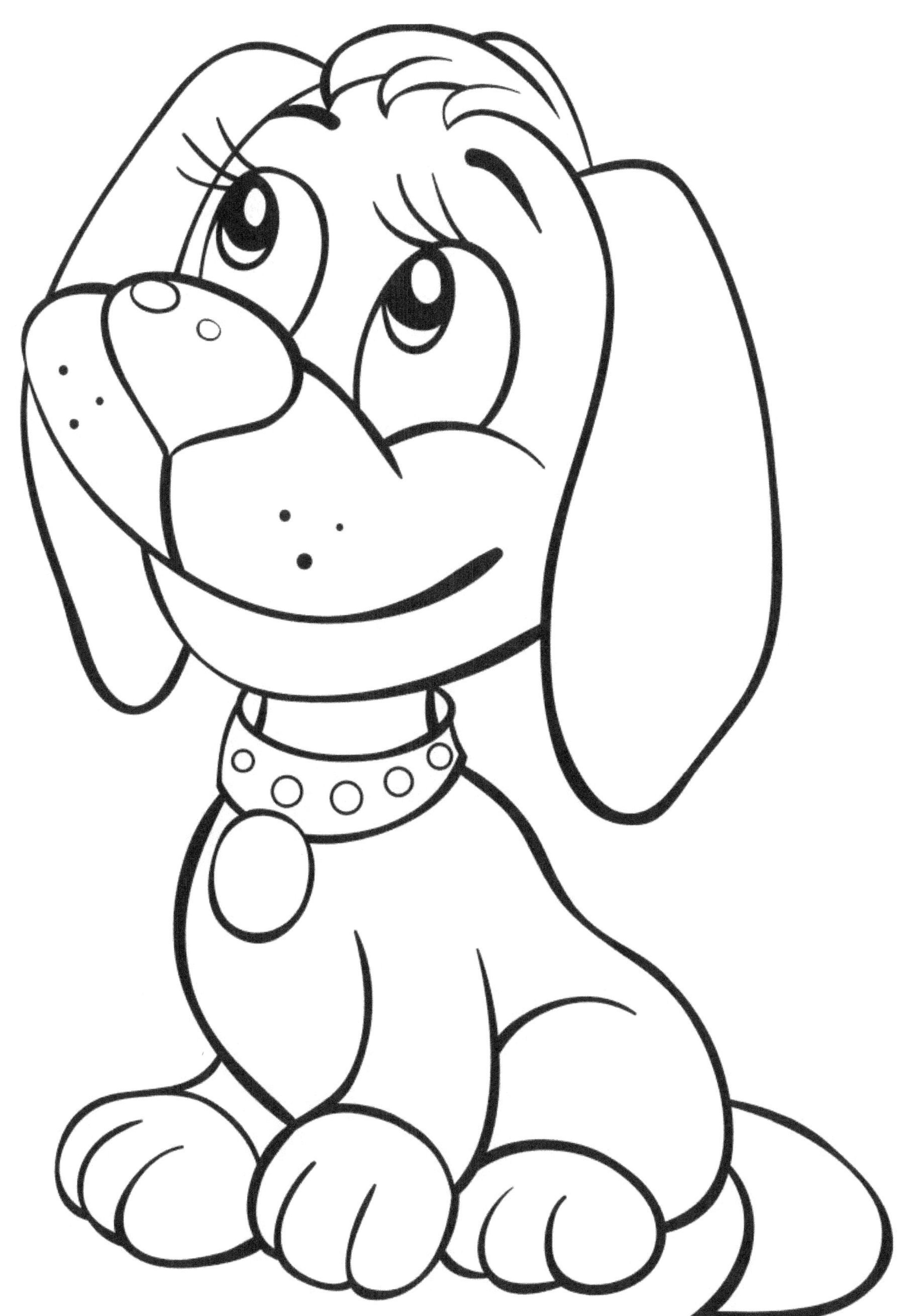

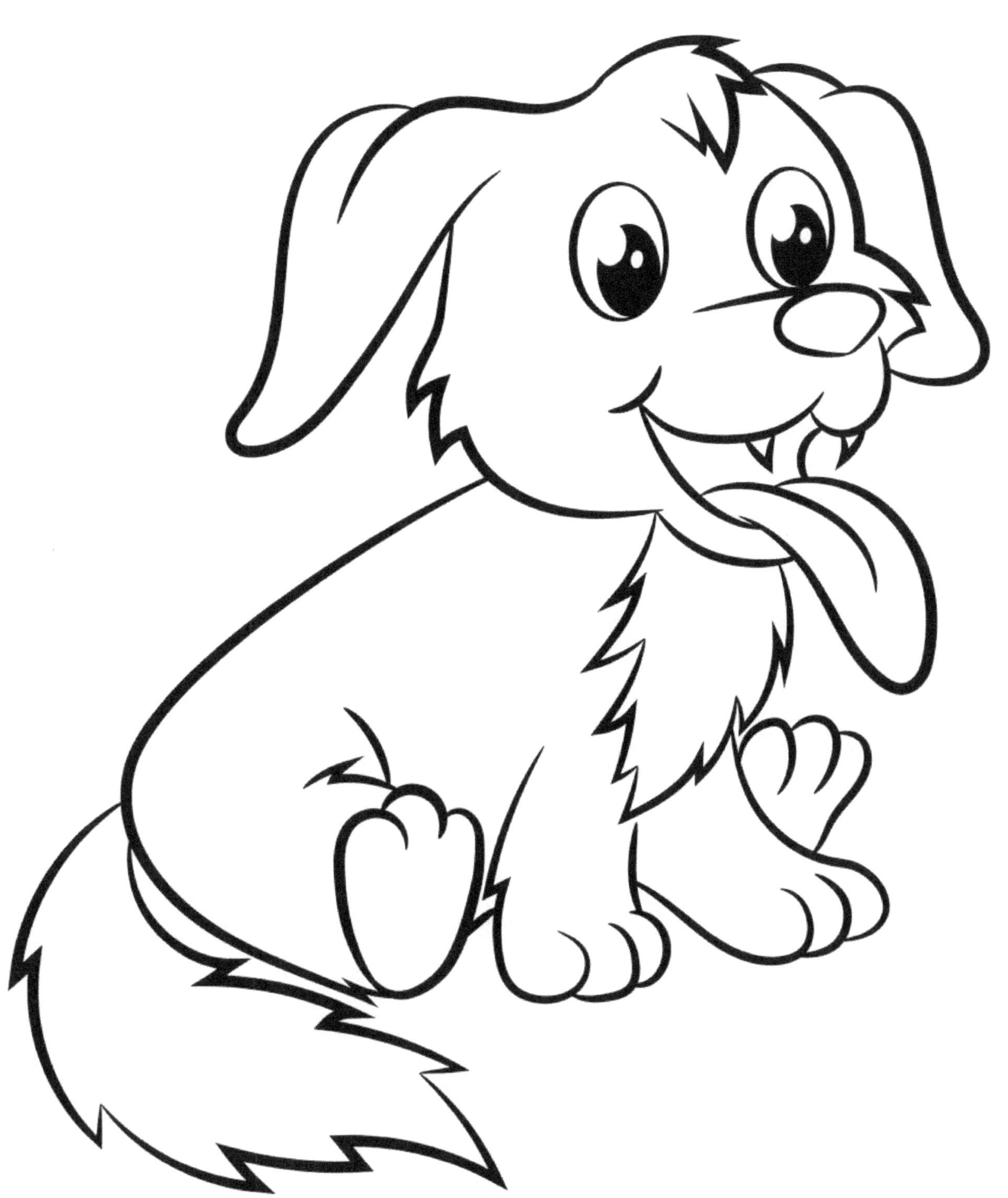

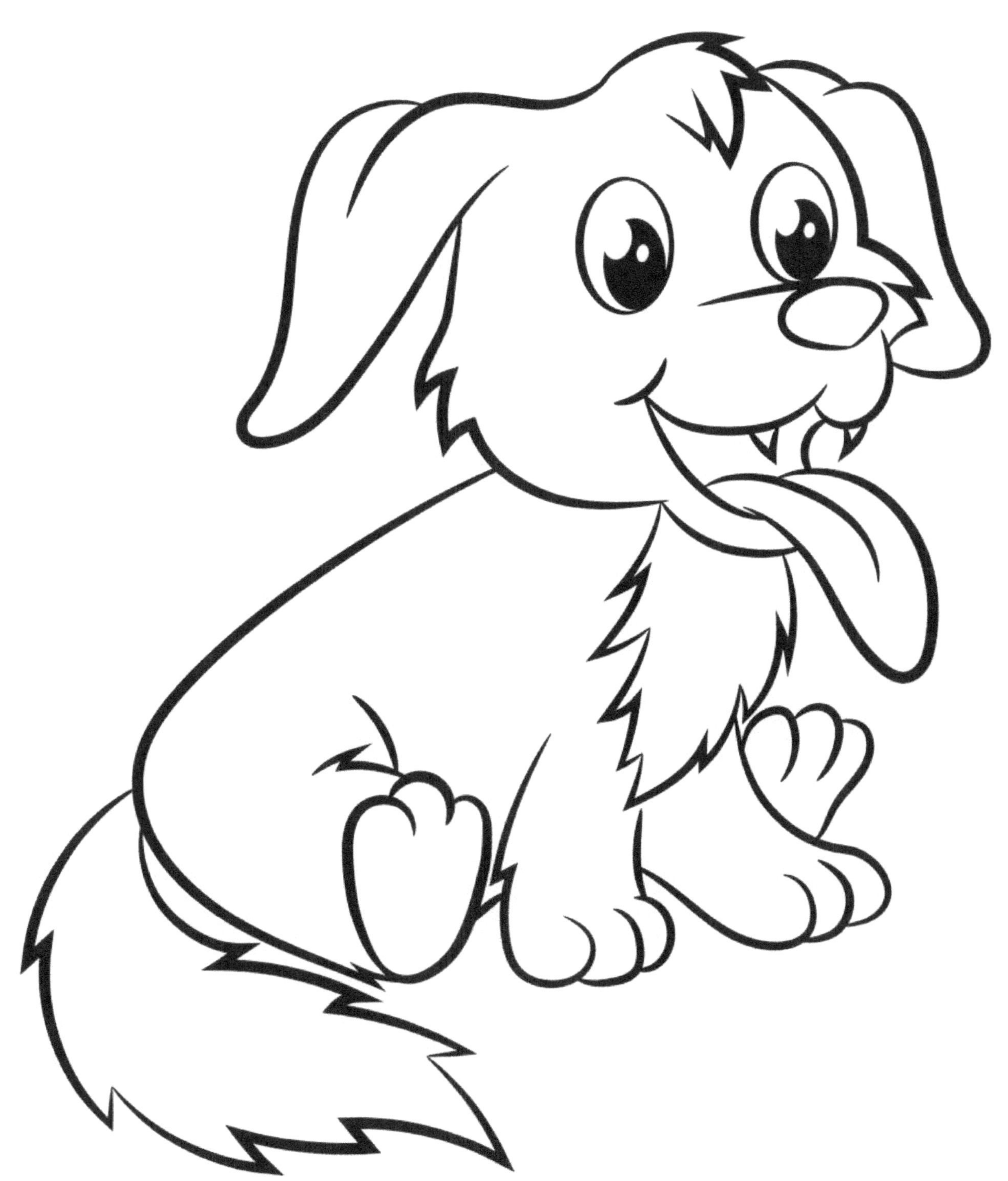

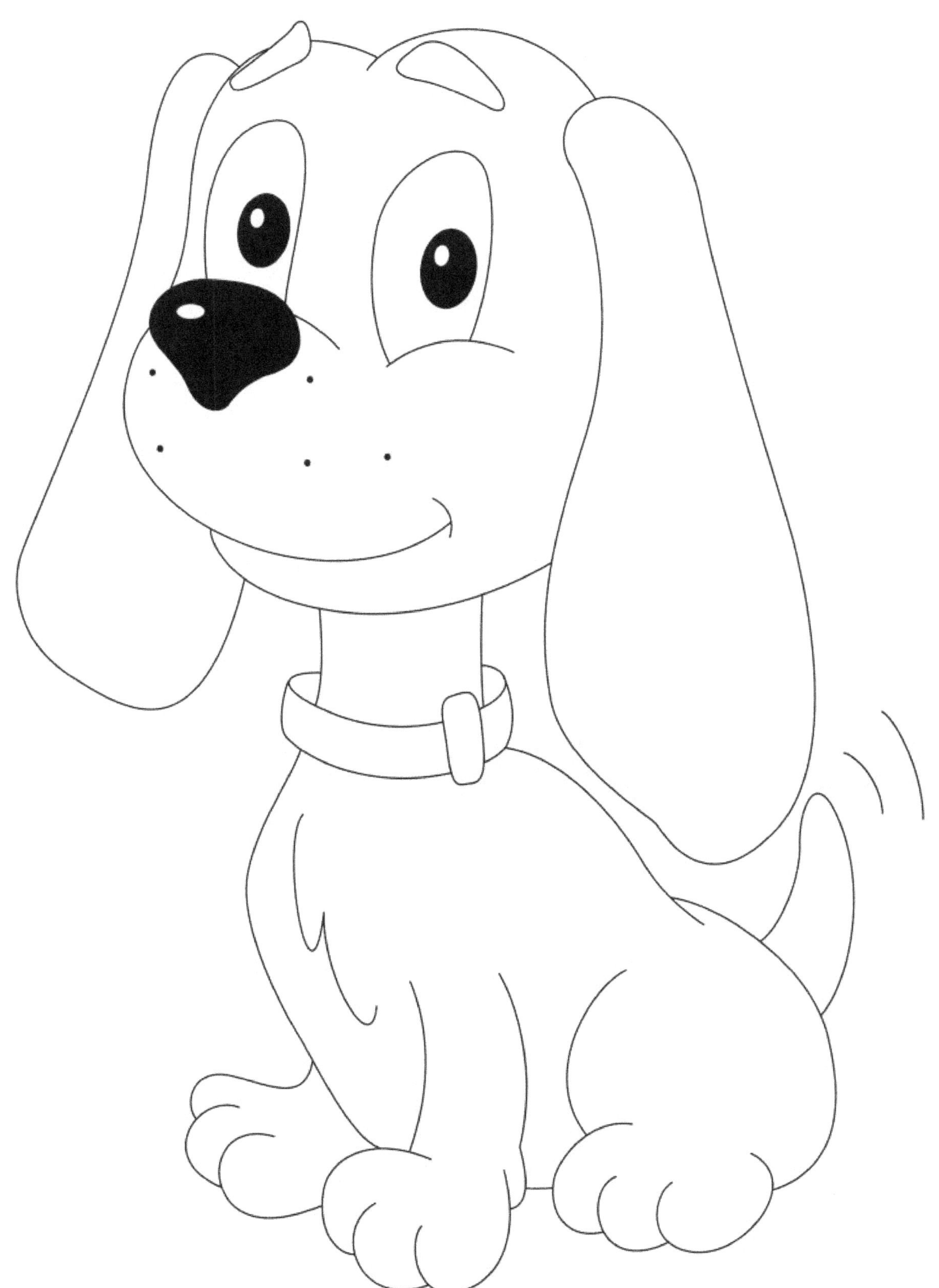

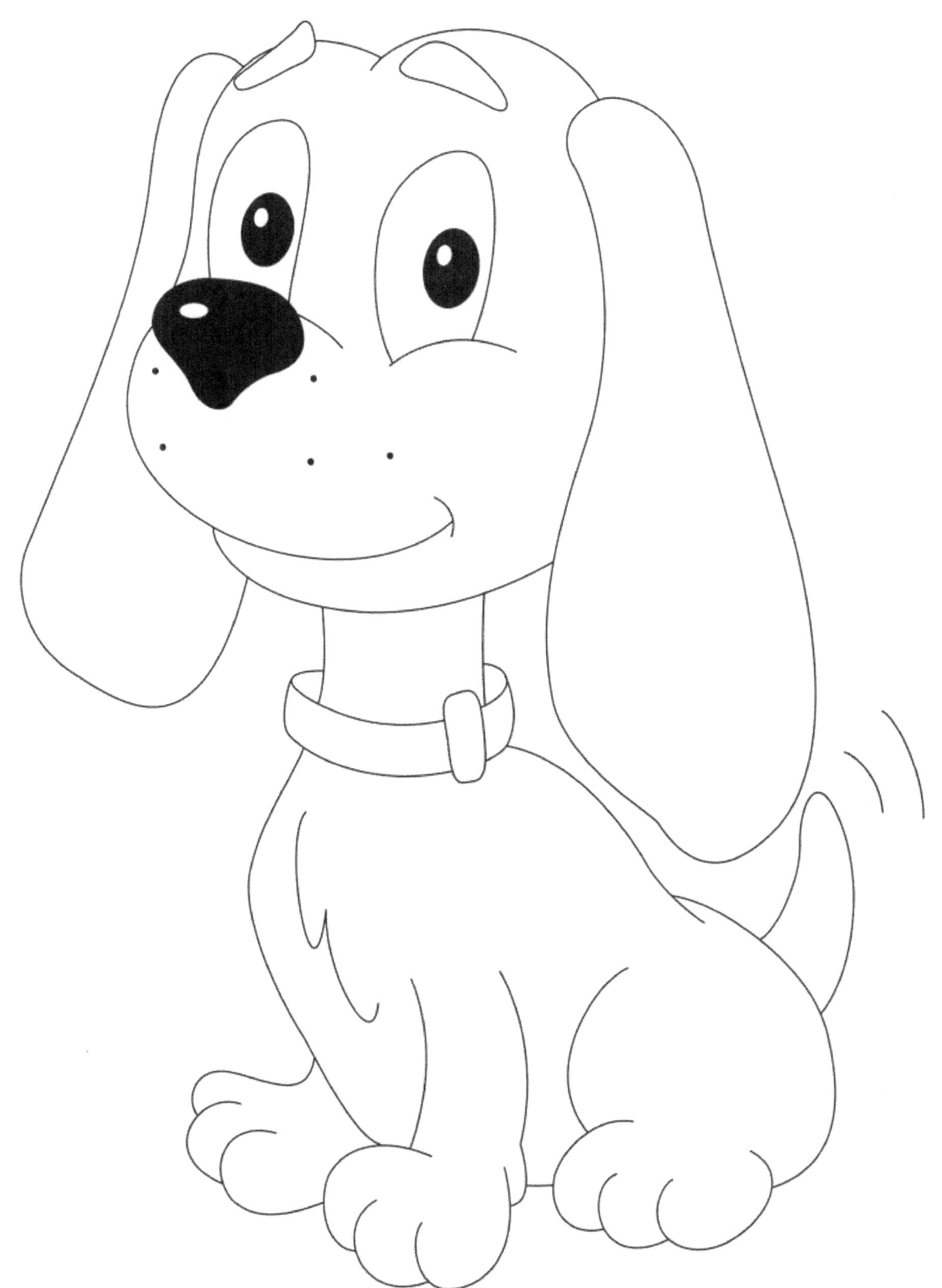

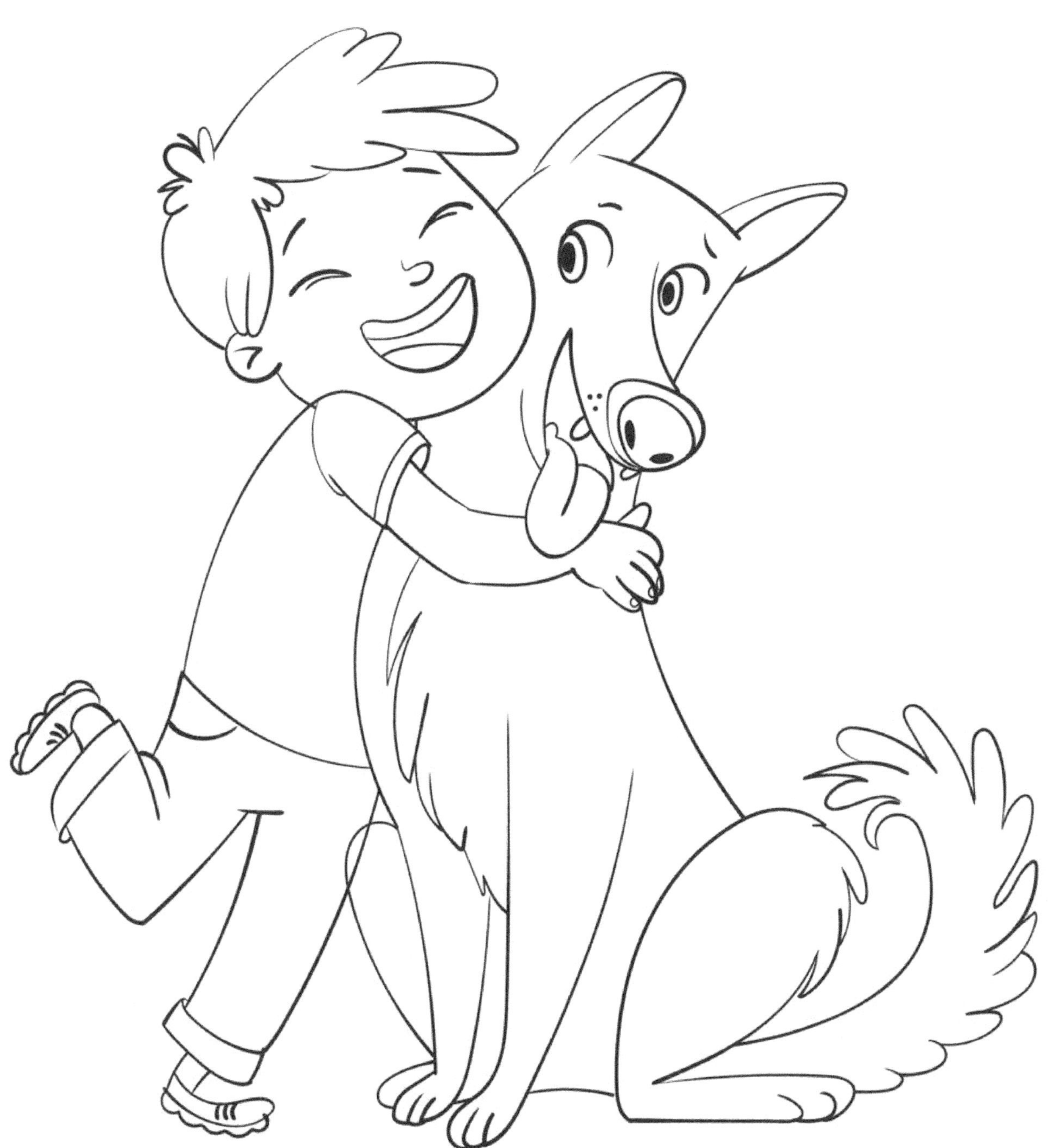

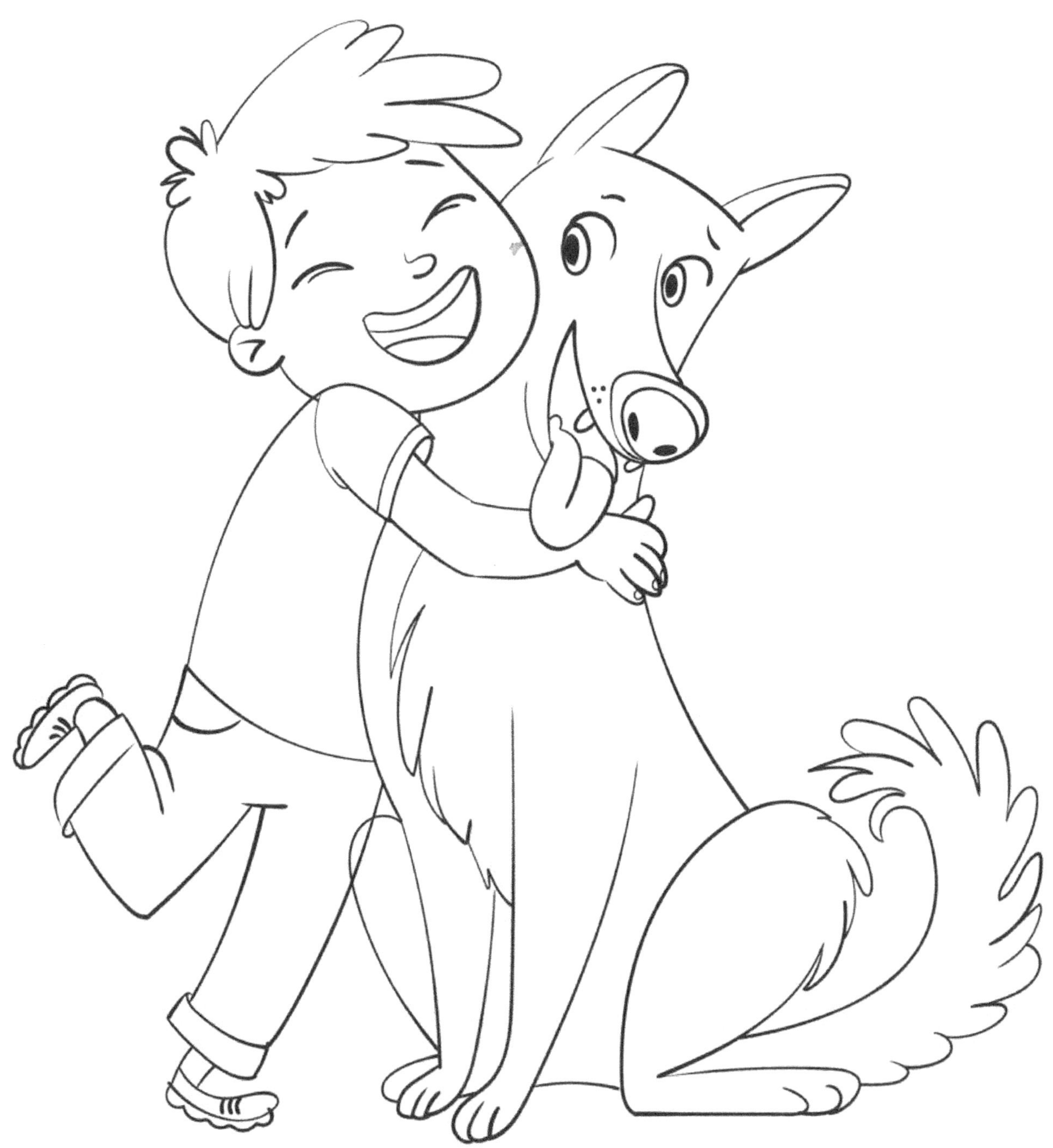

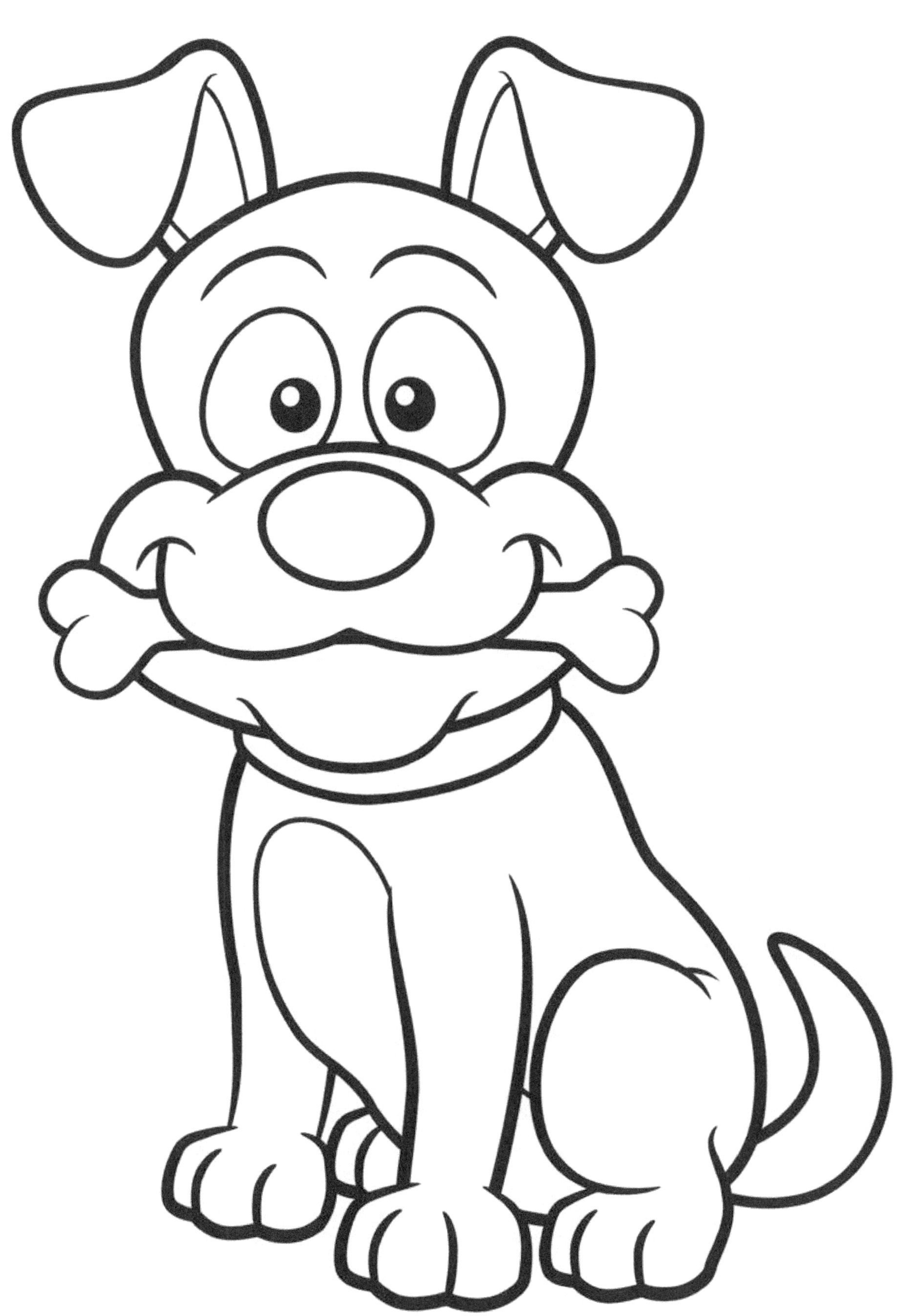

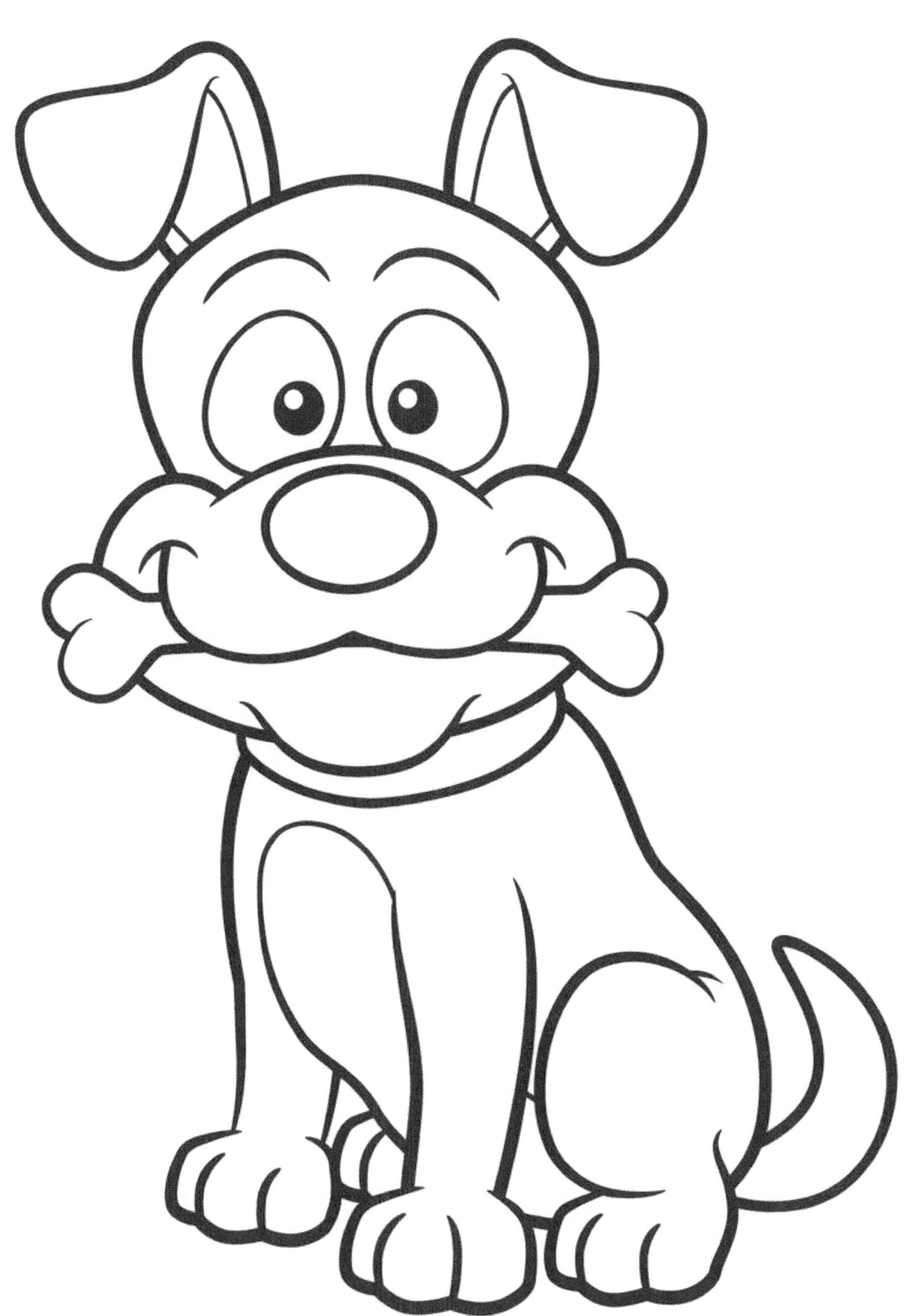

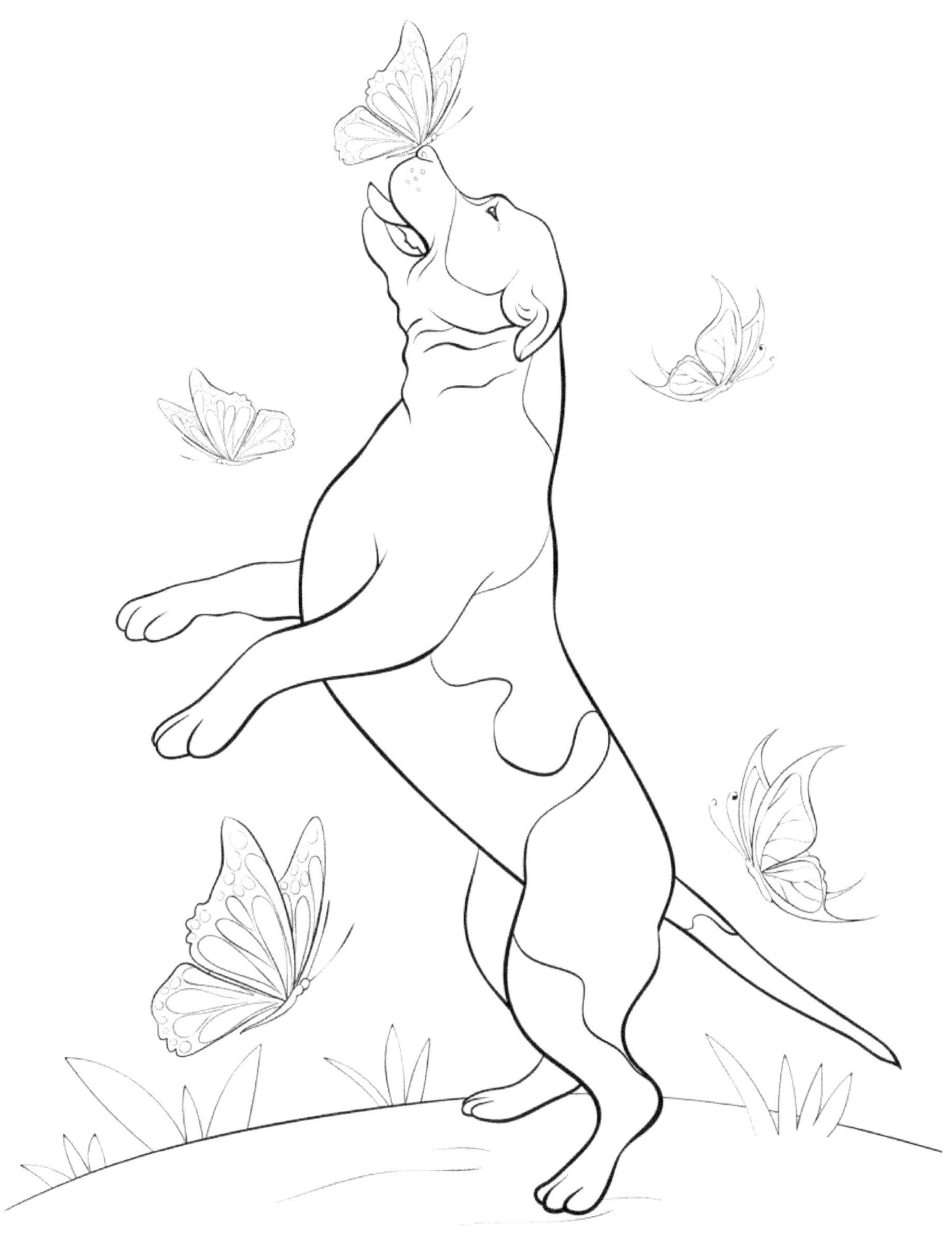

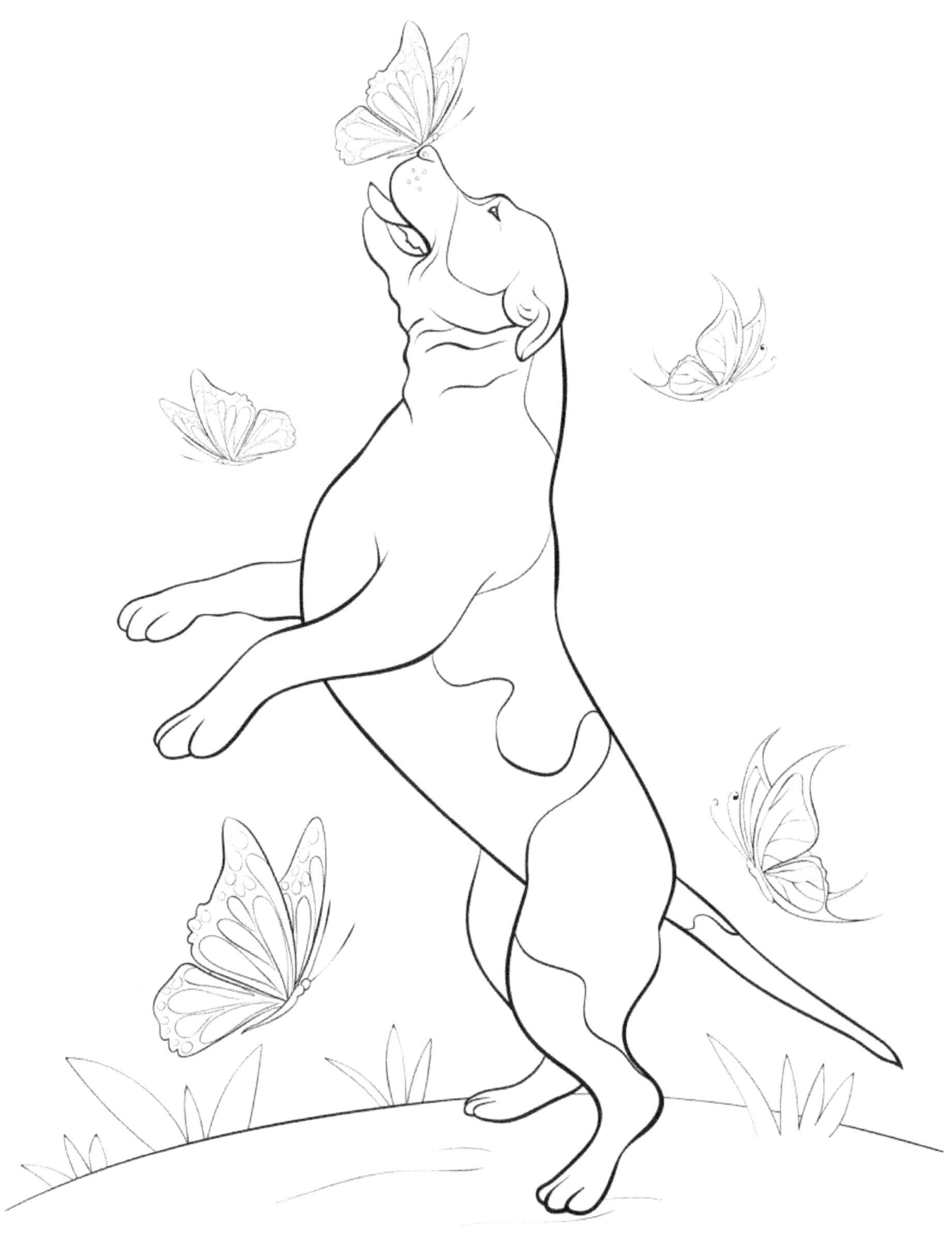

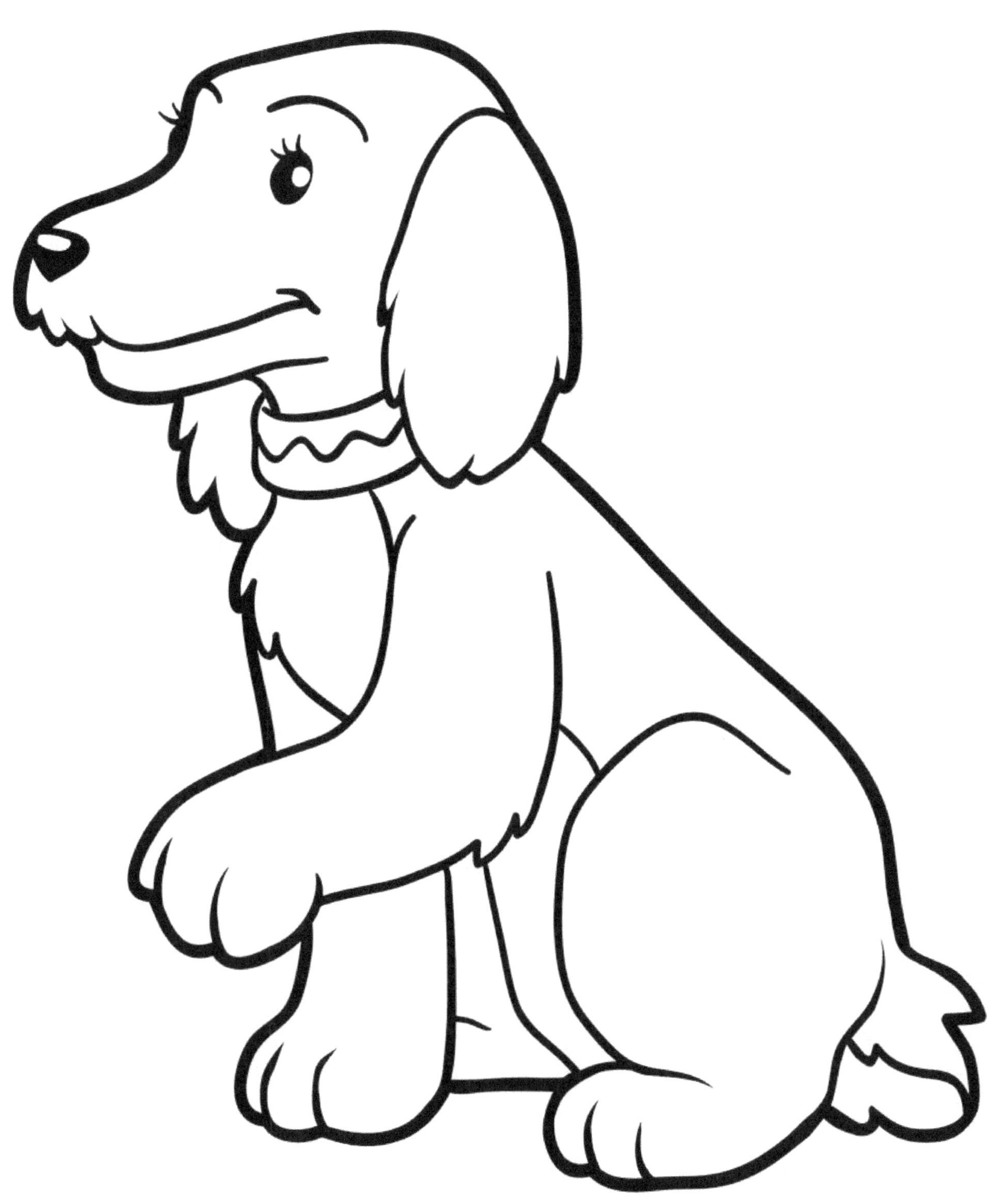

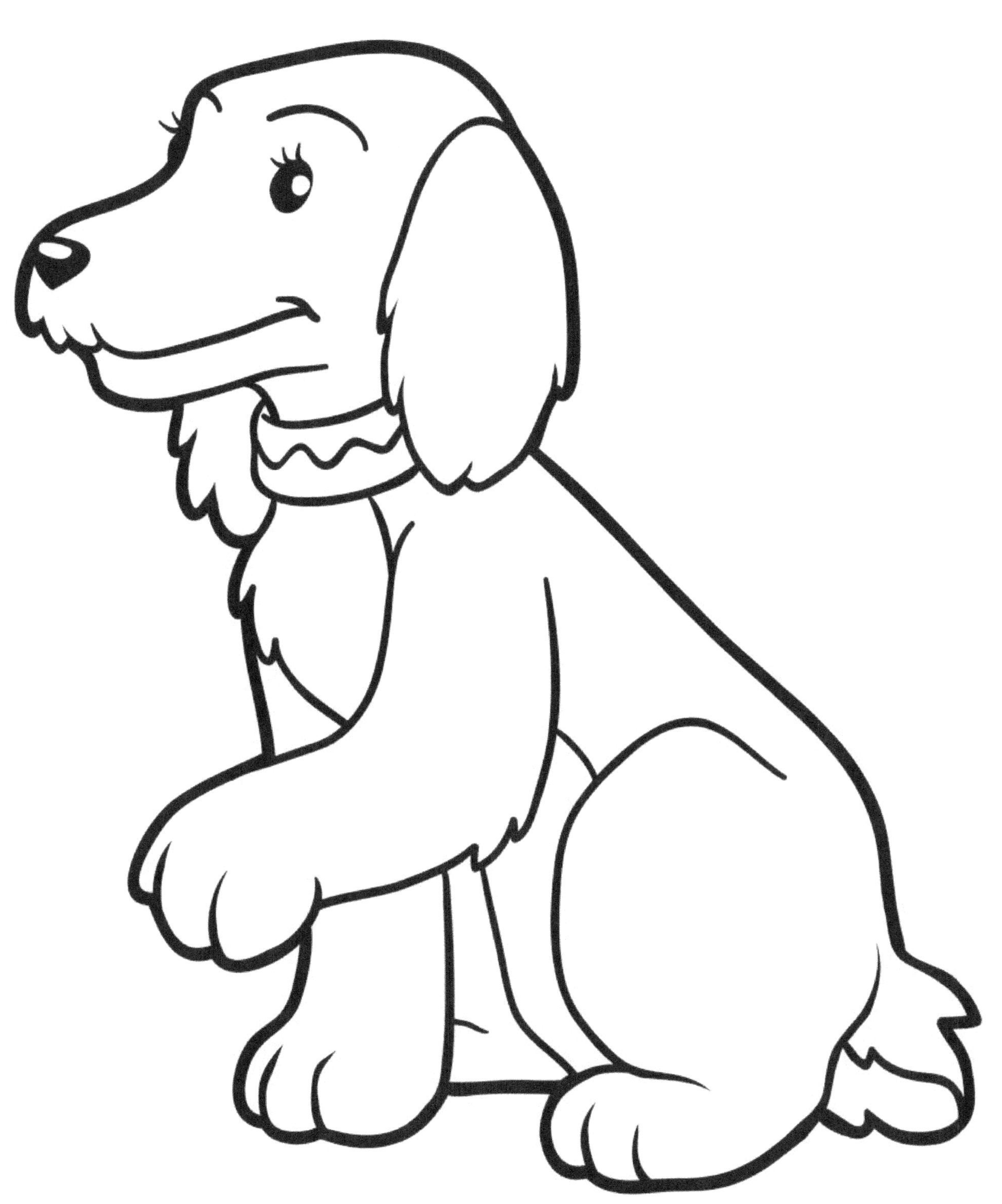

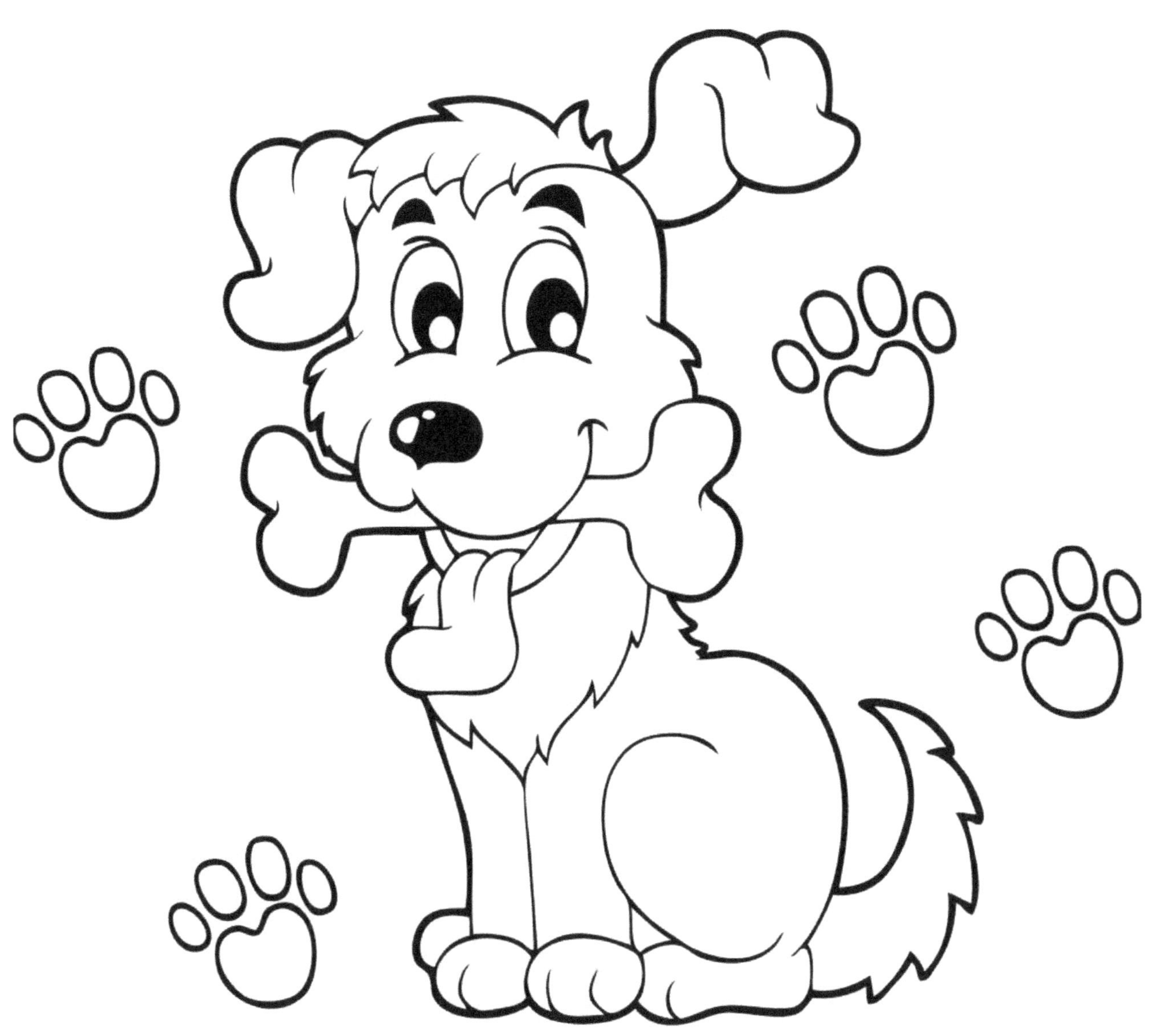

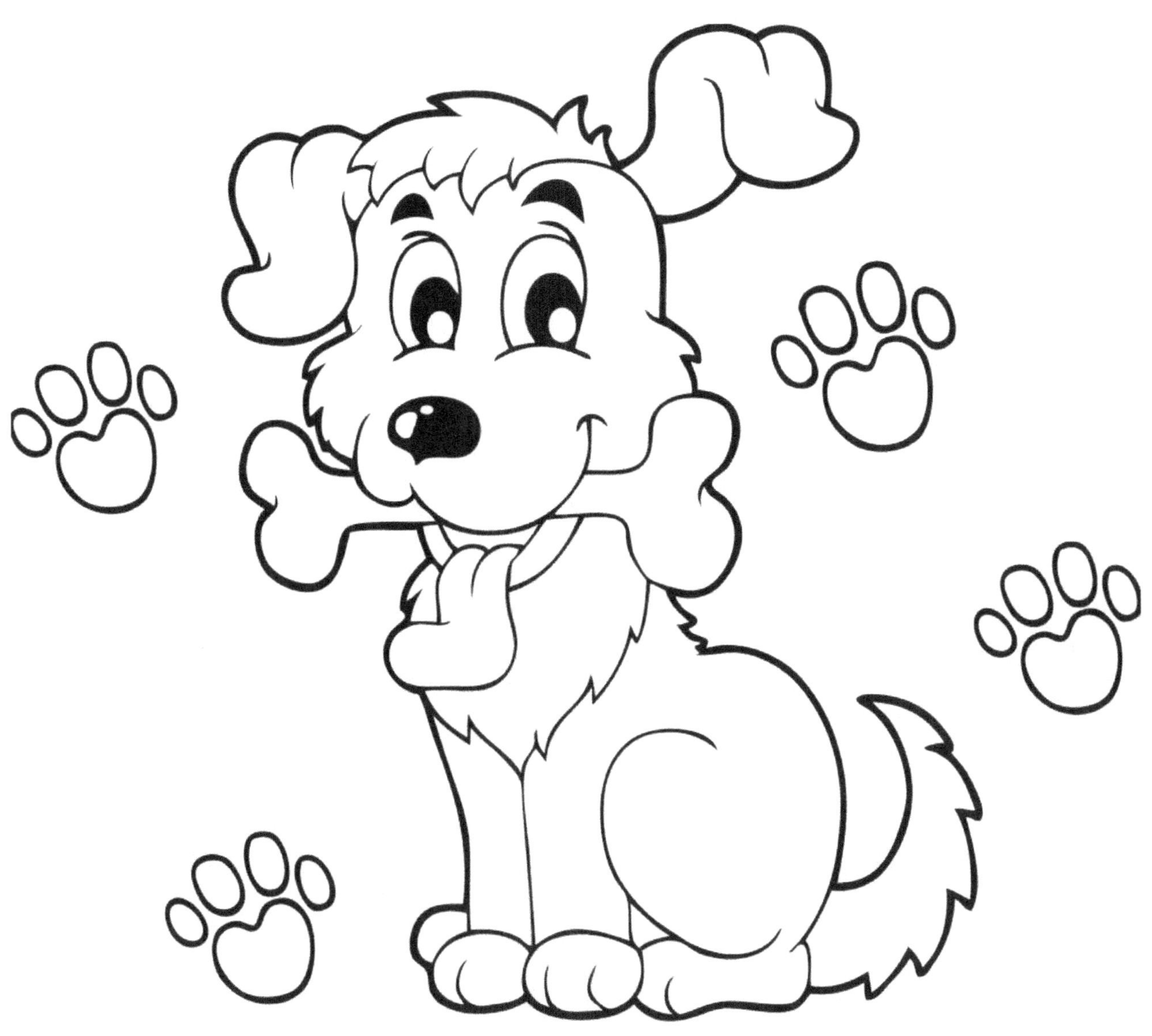

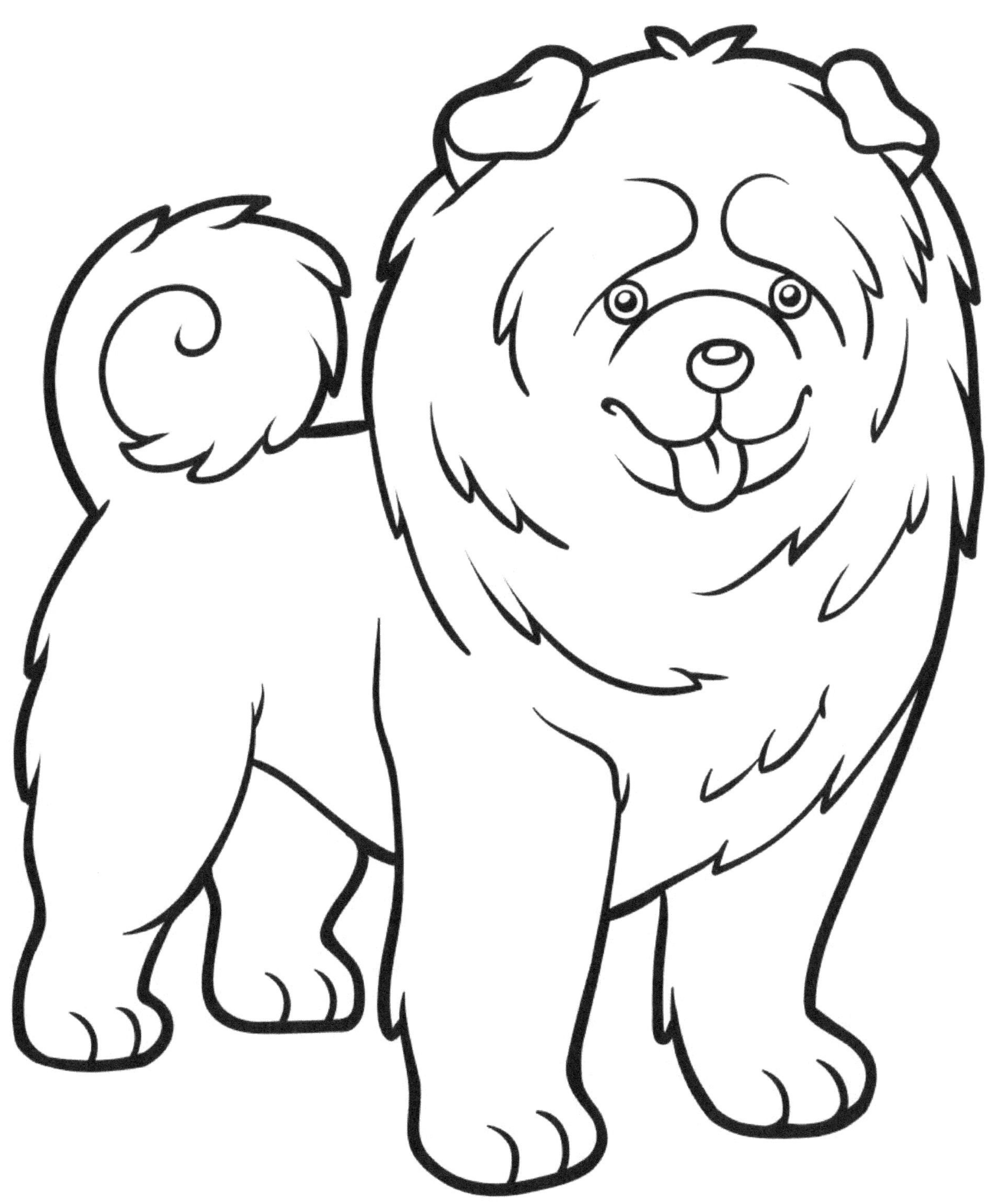

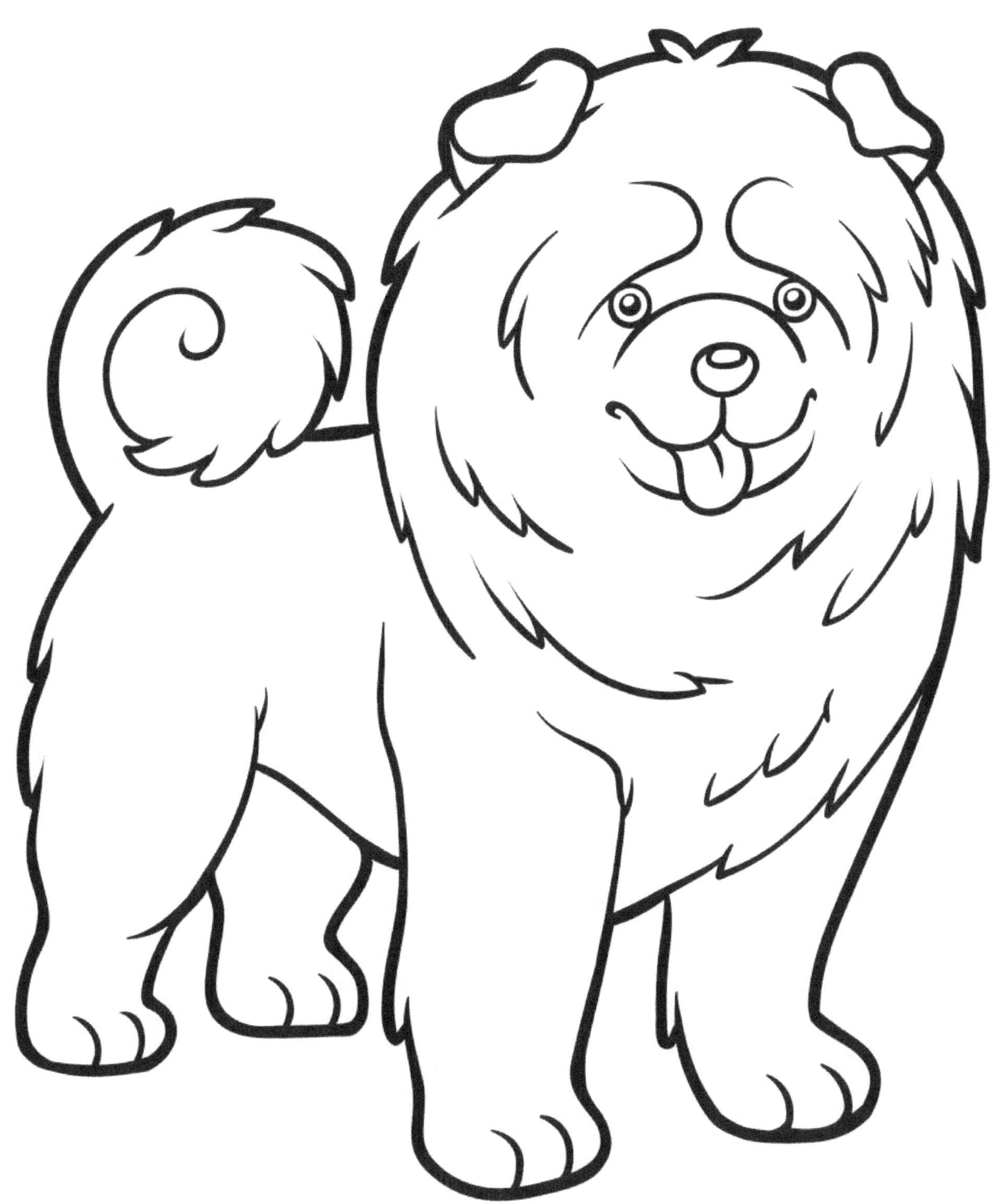

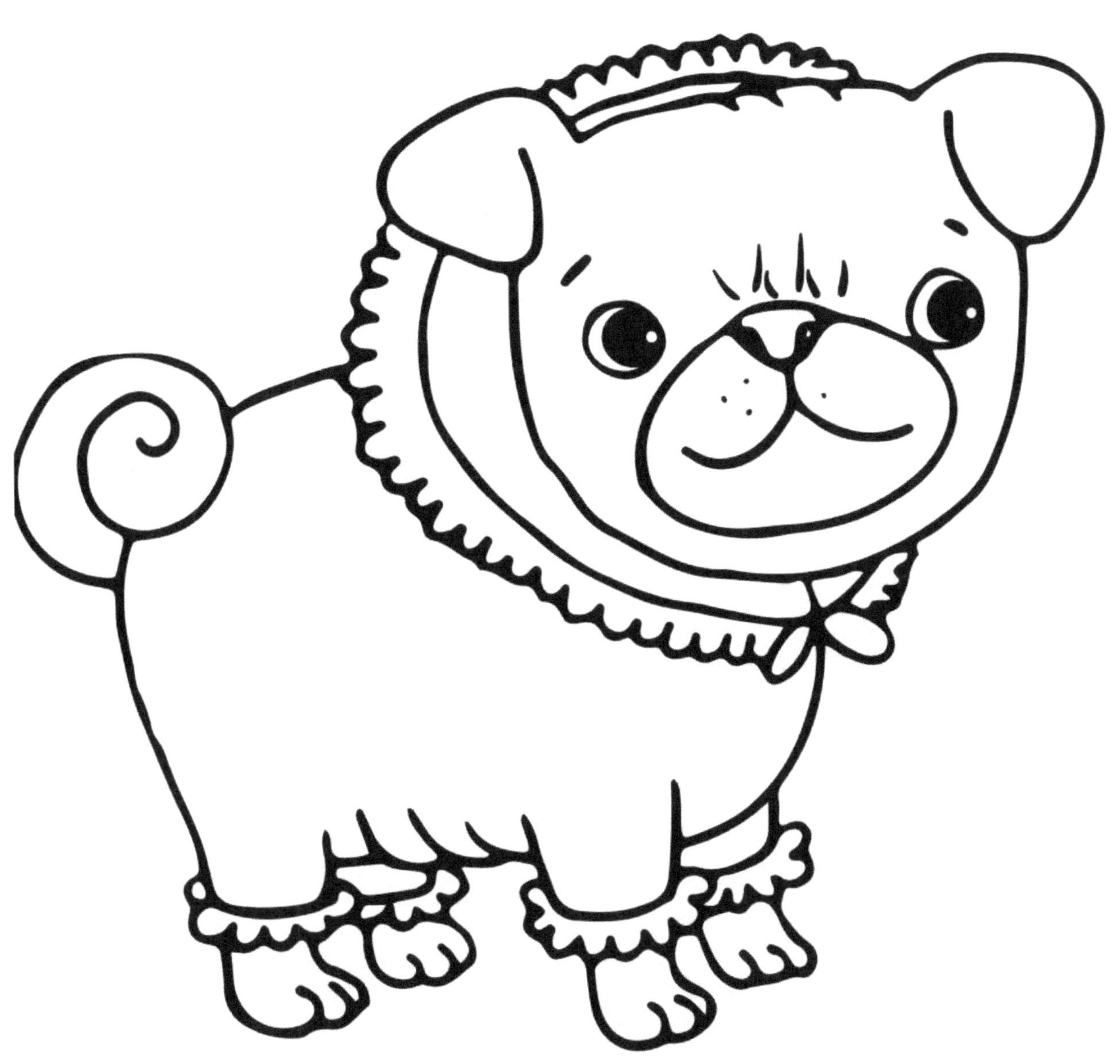

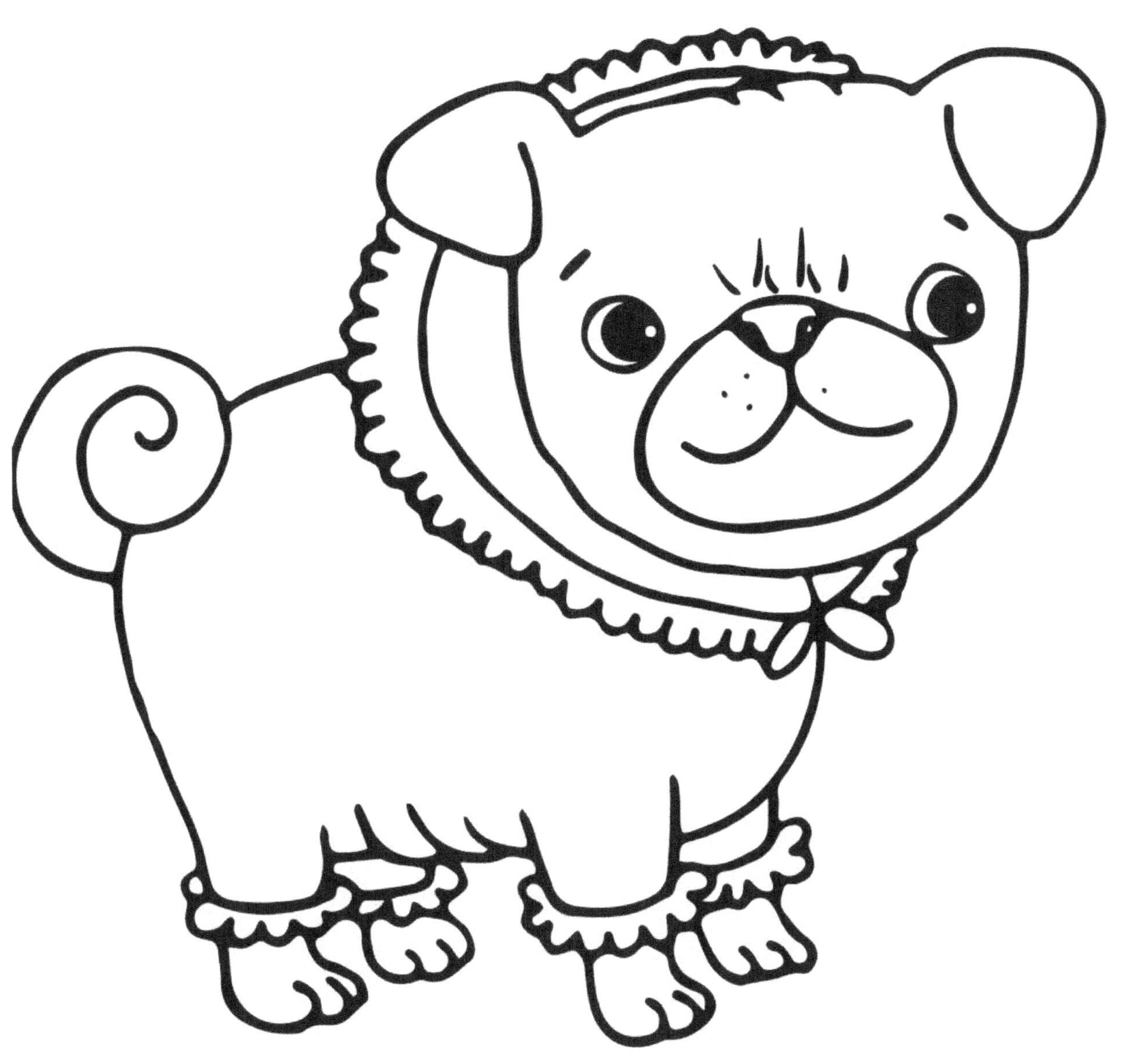

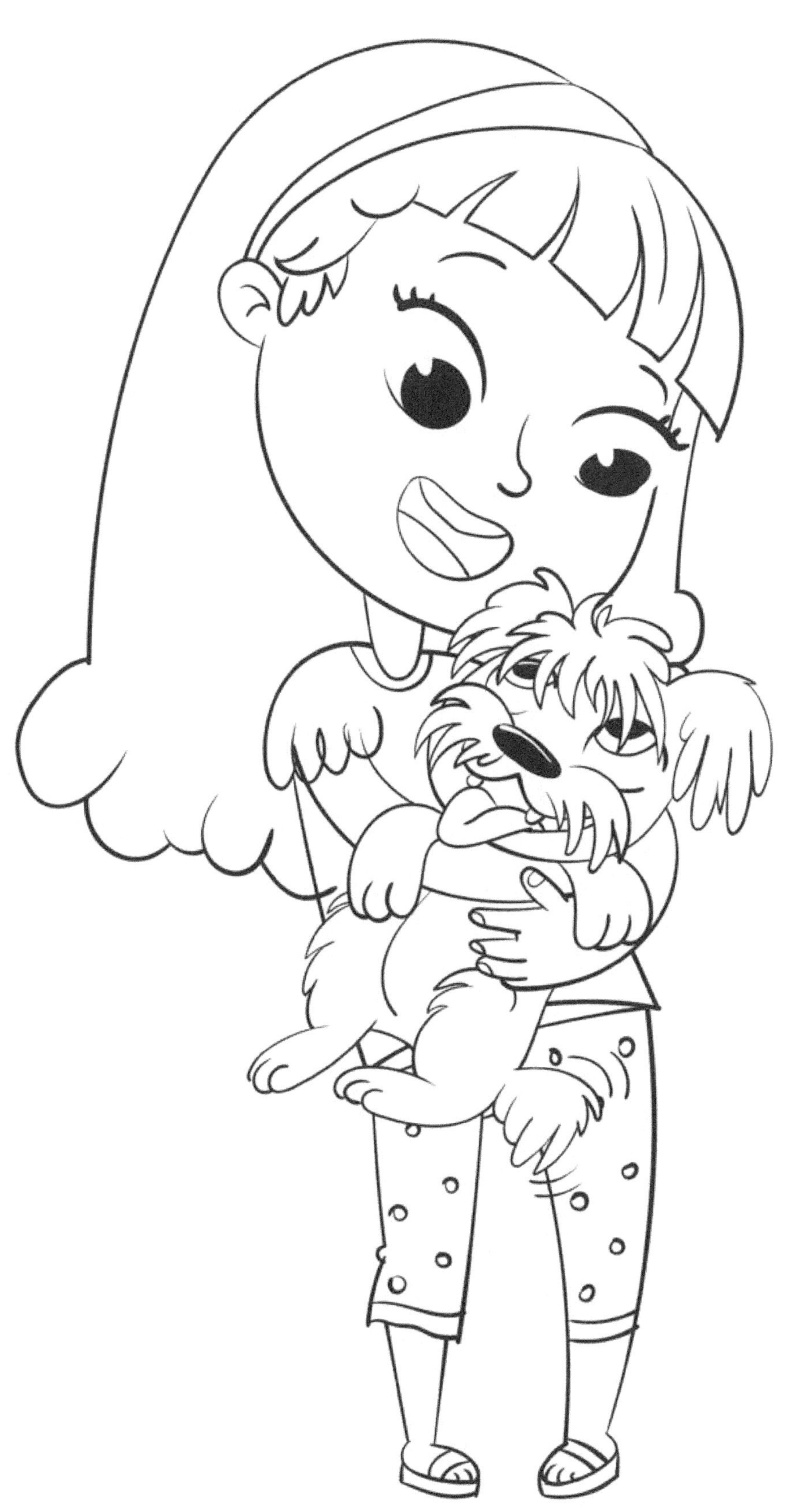

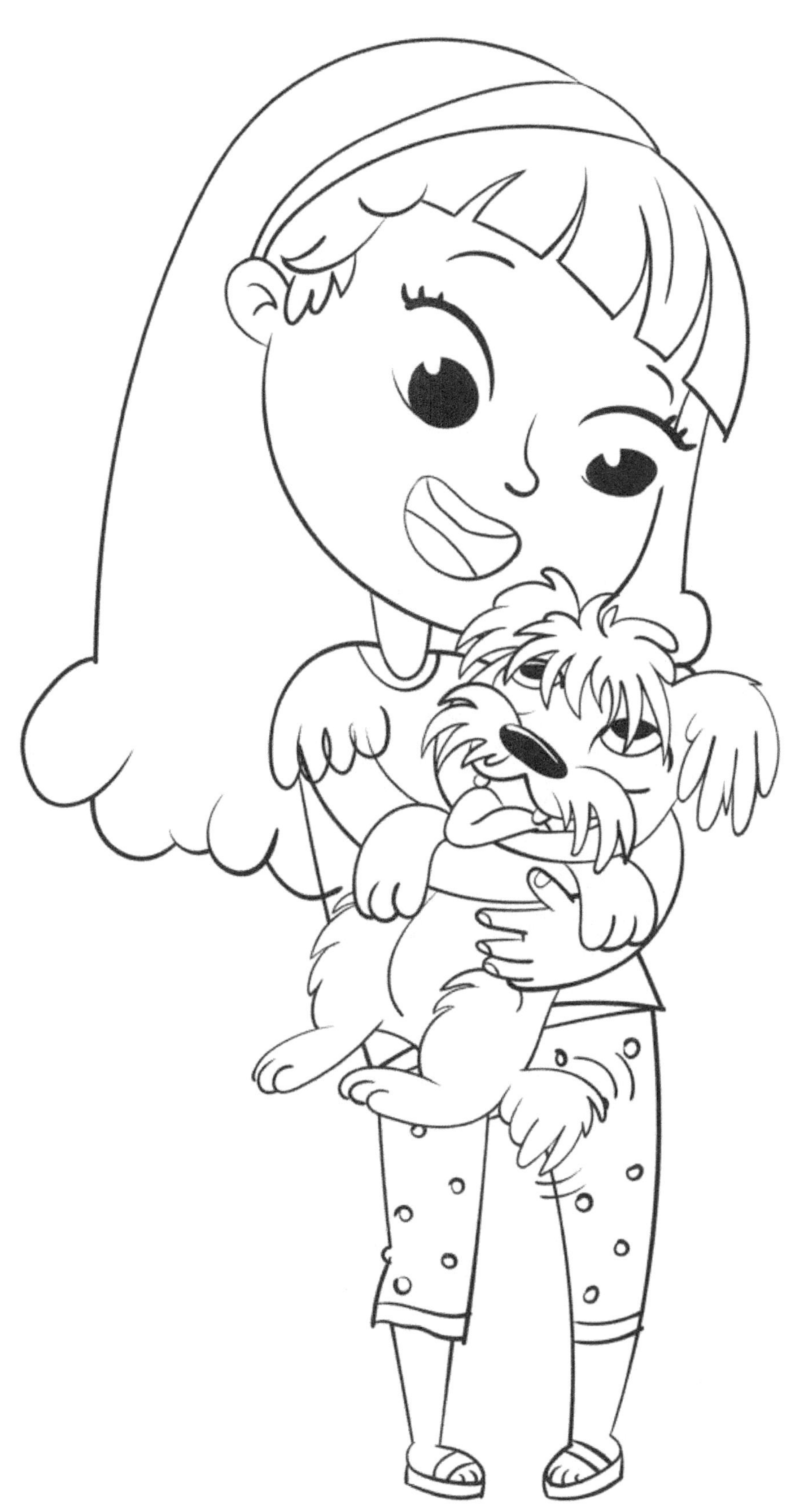

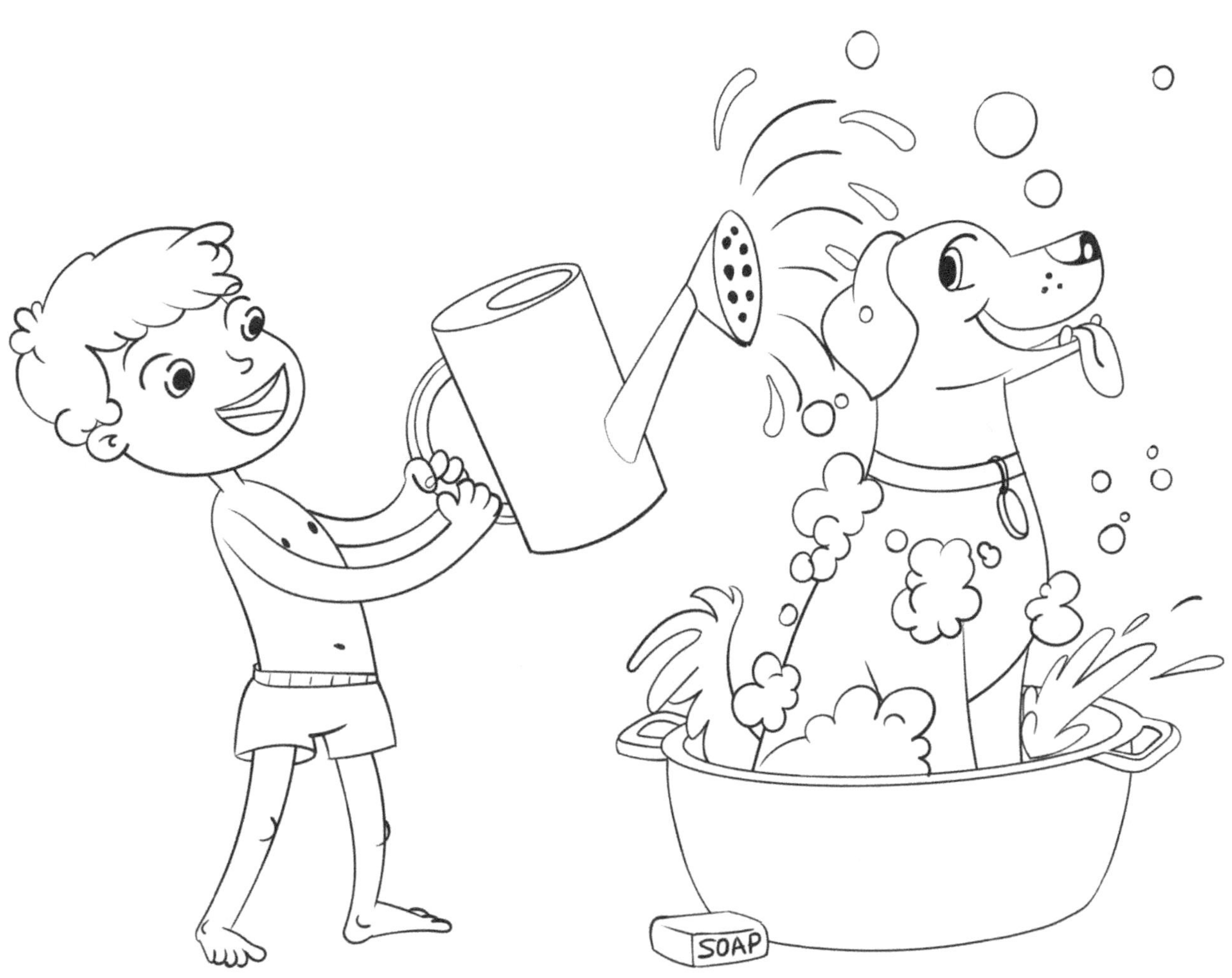
SOAP

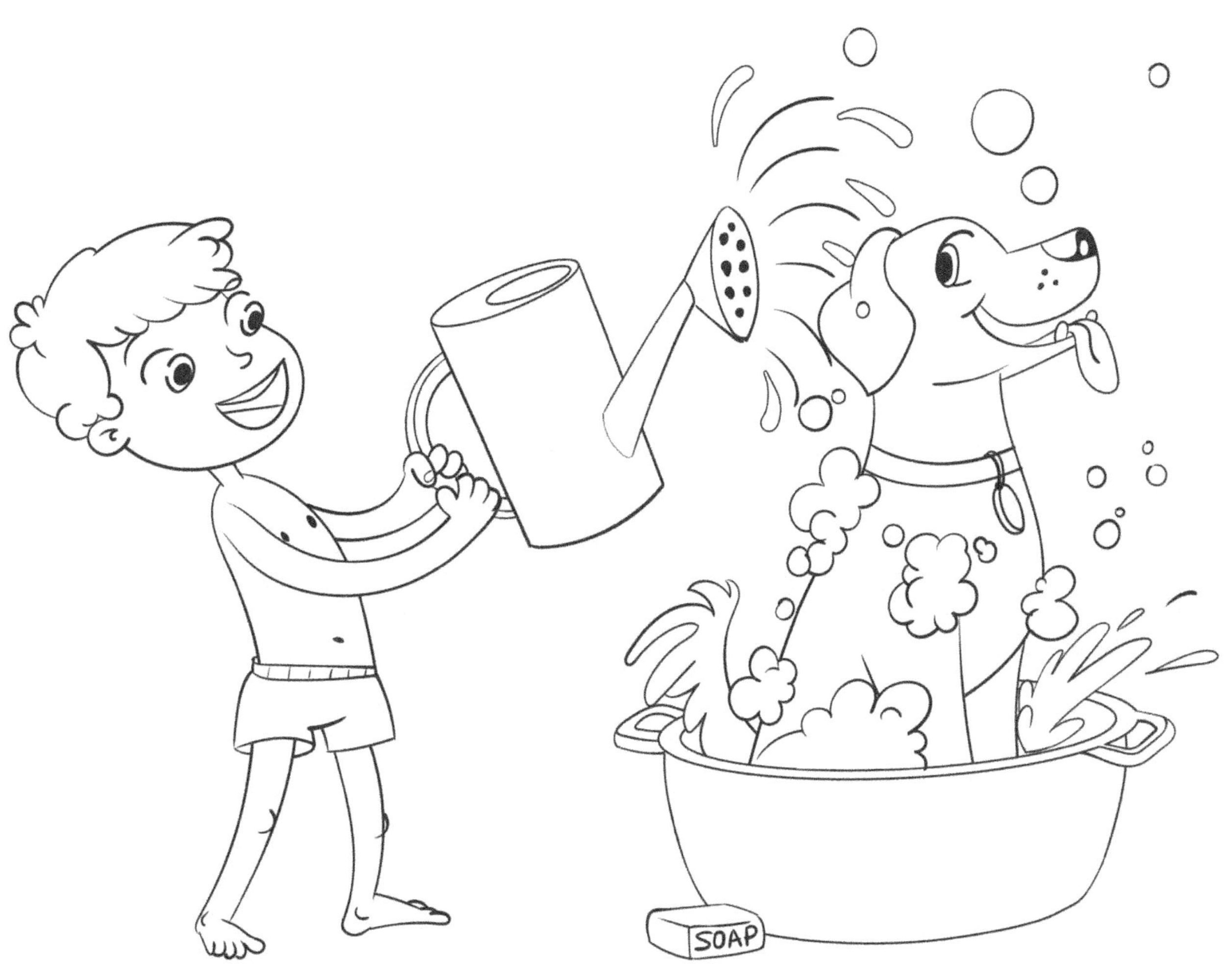
SOAP

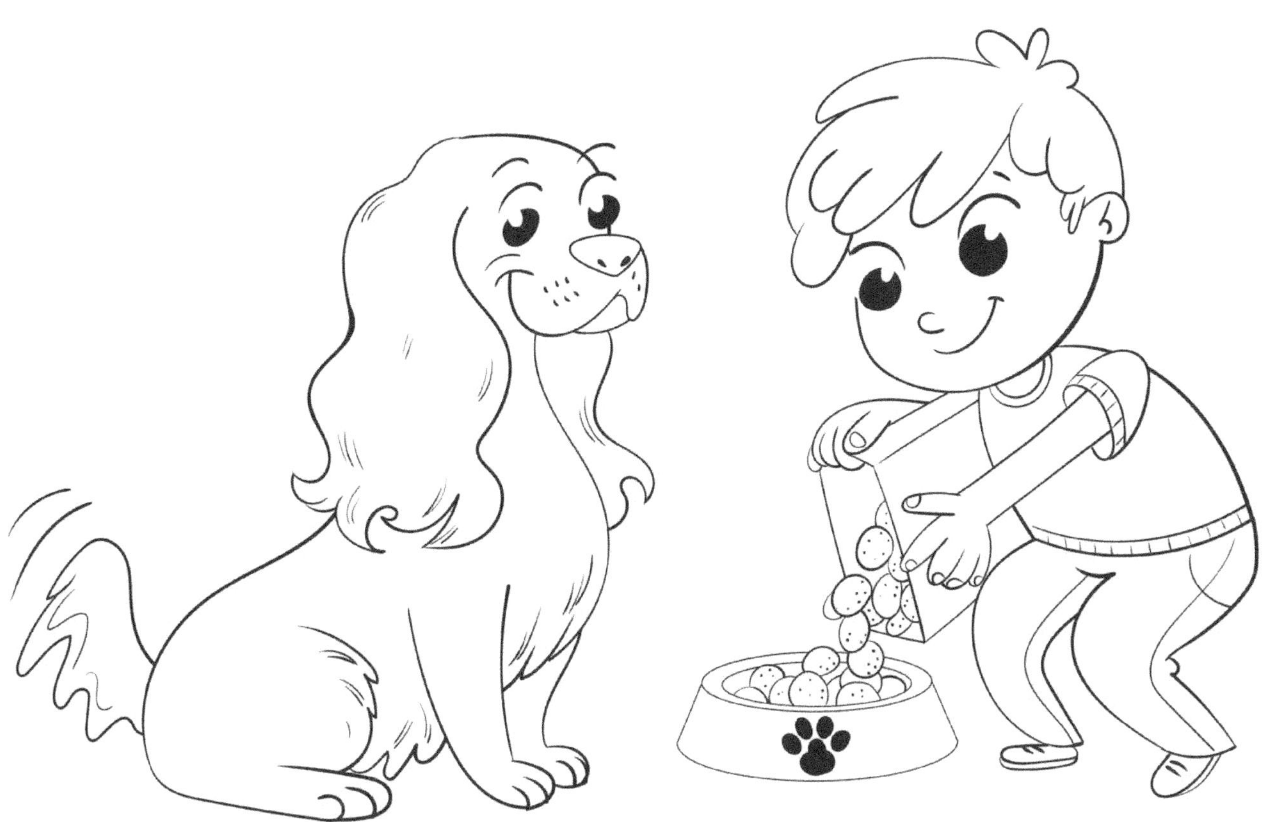

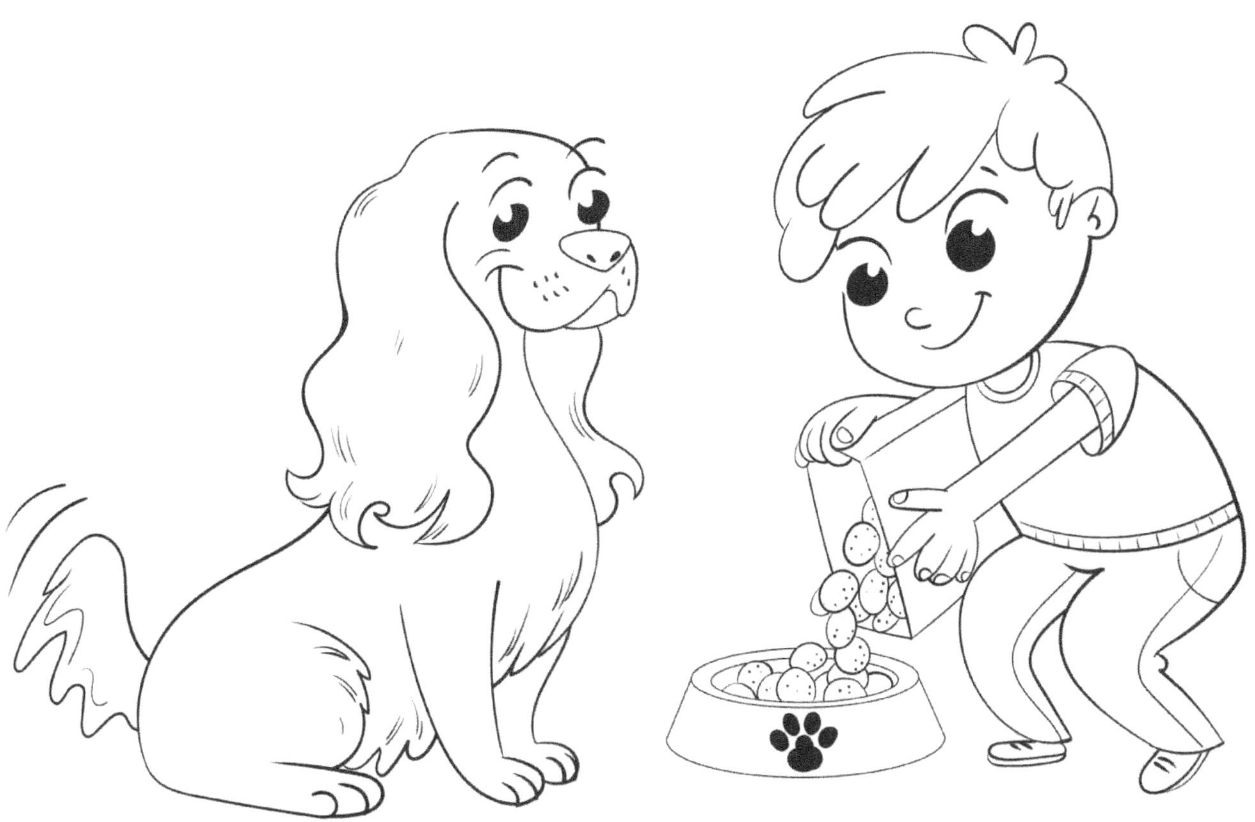

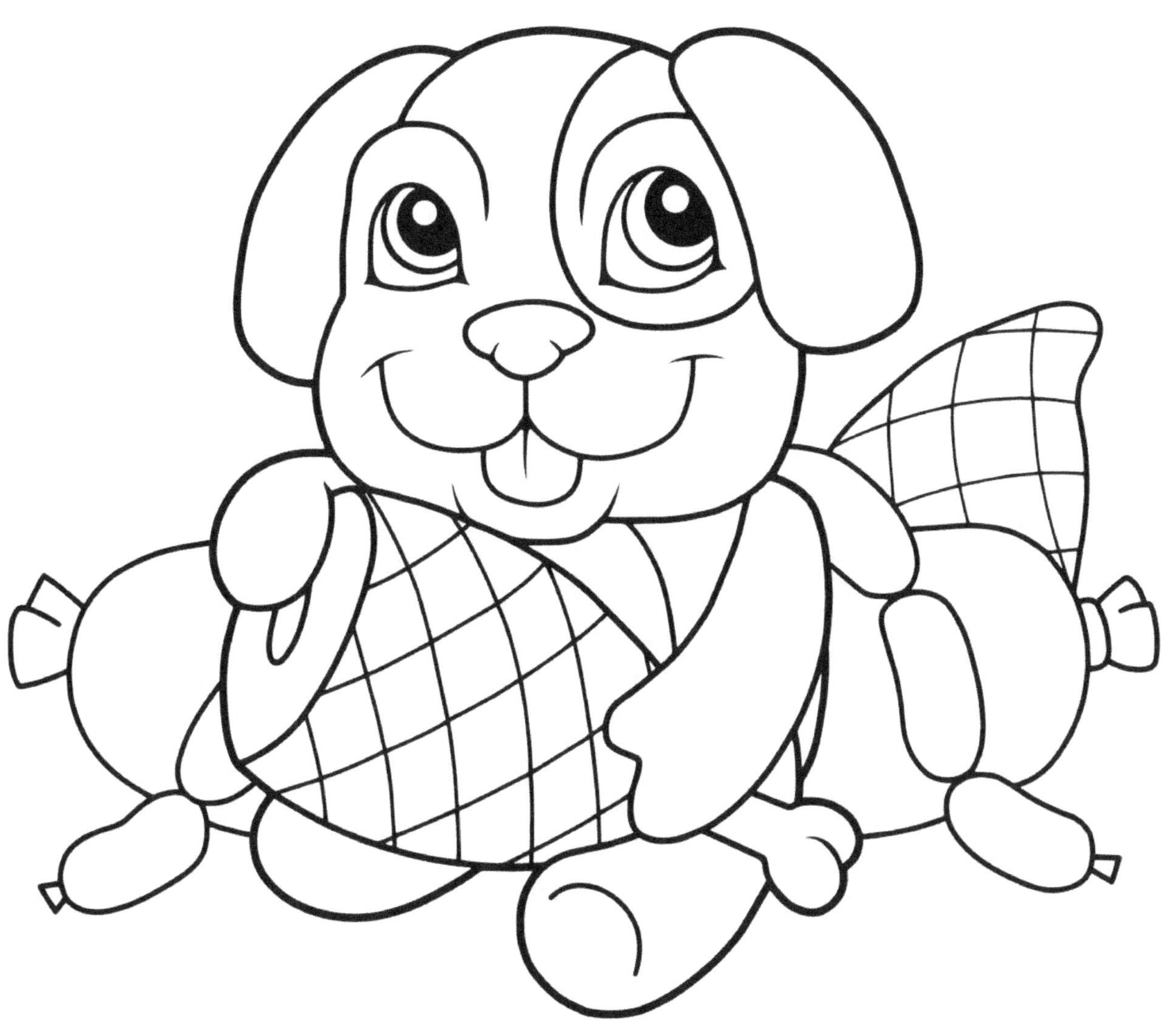

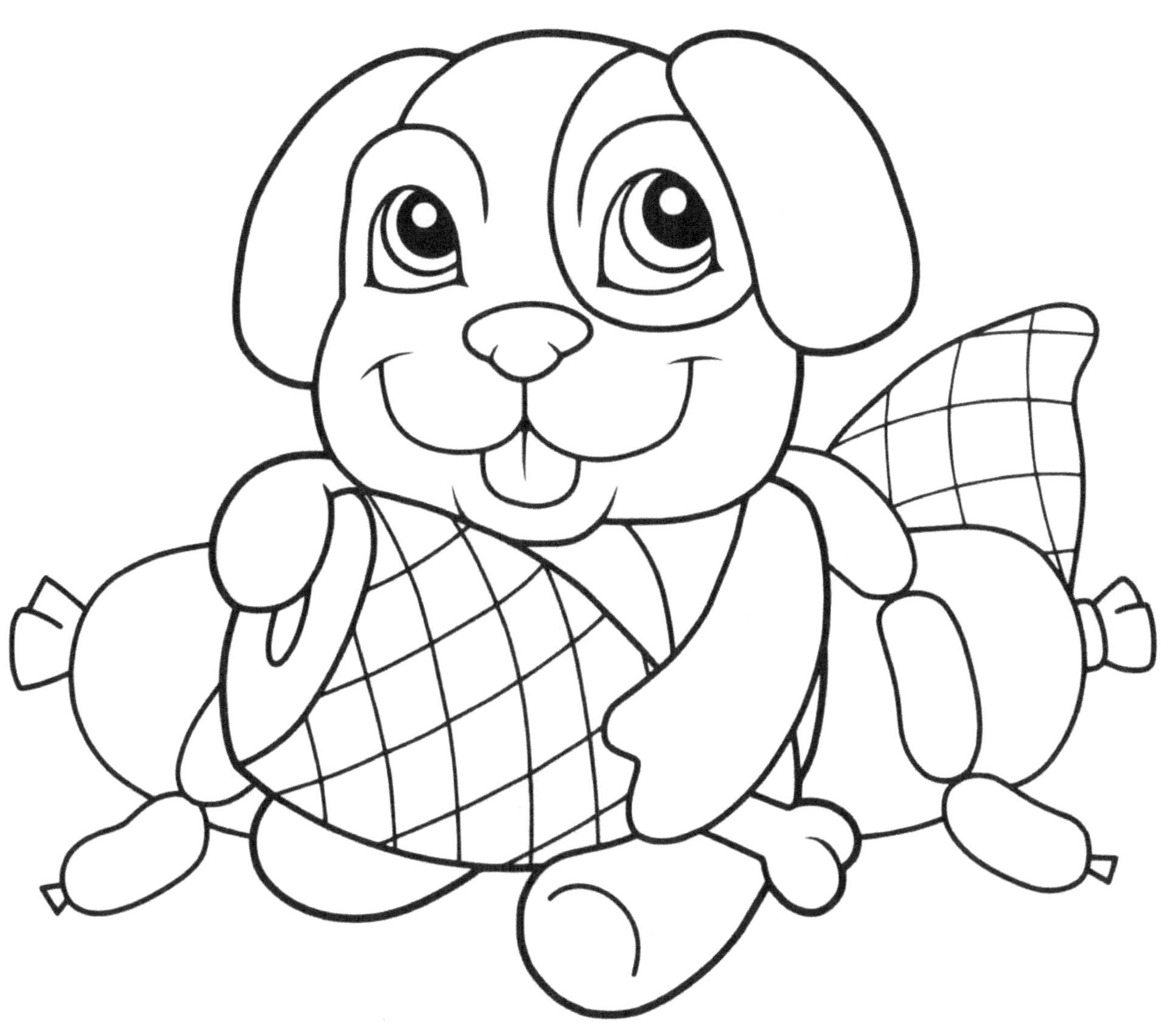

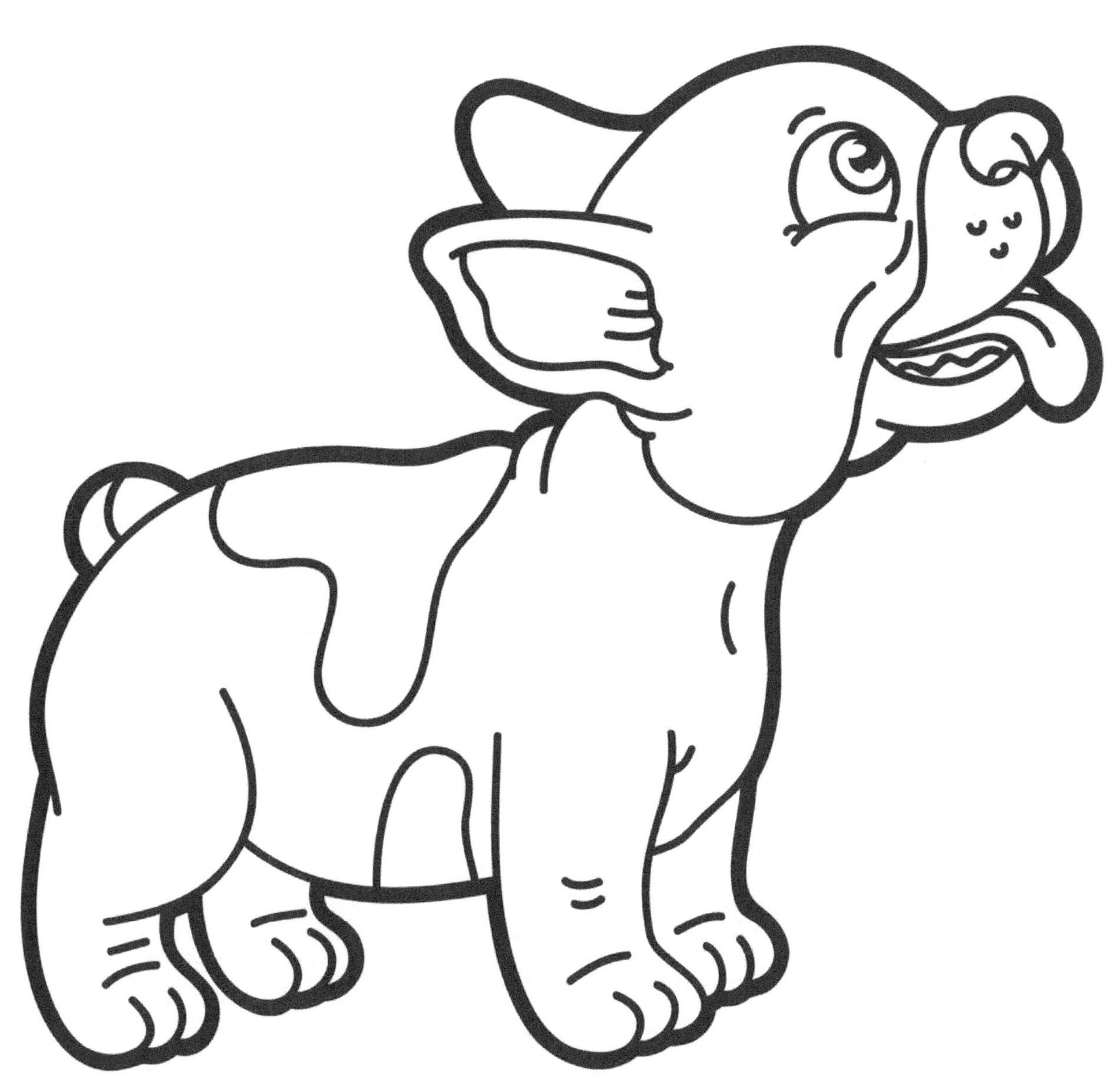

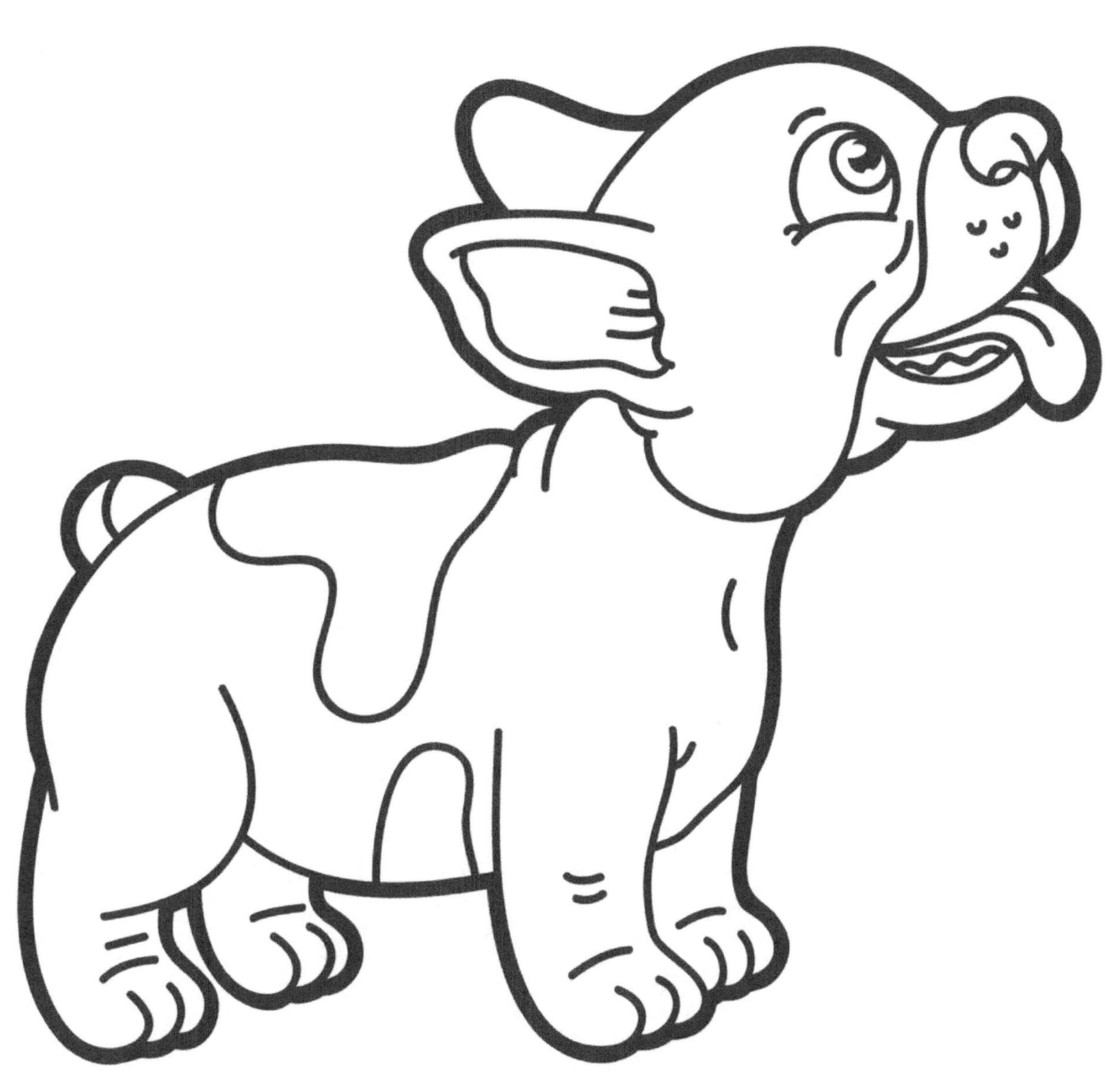

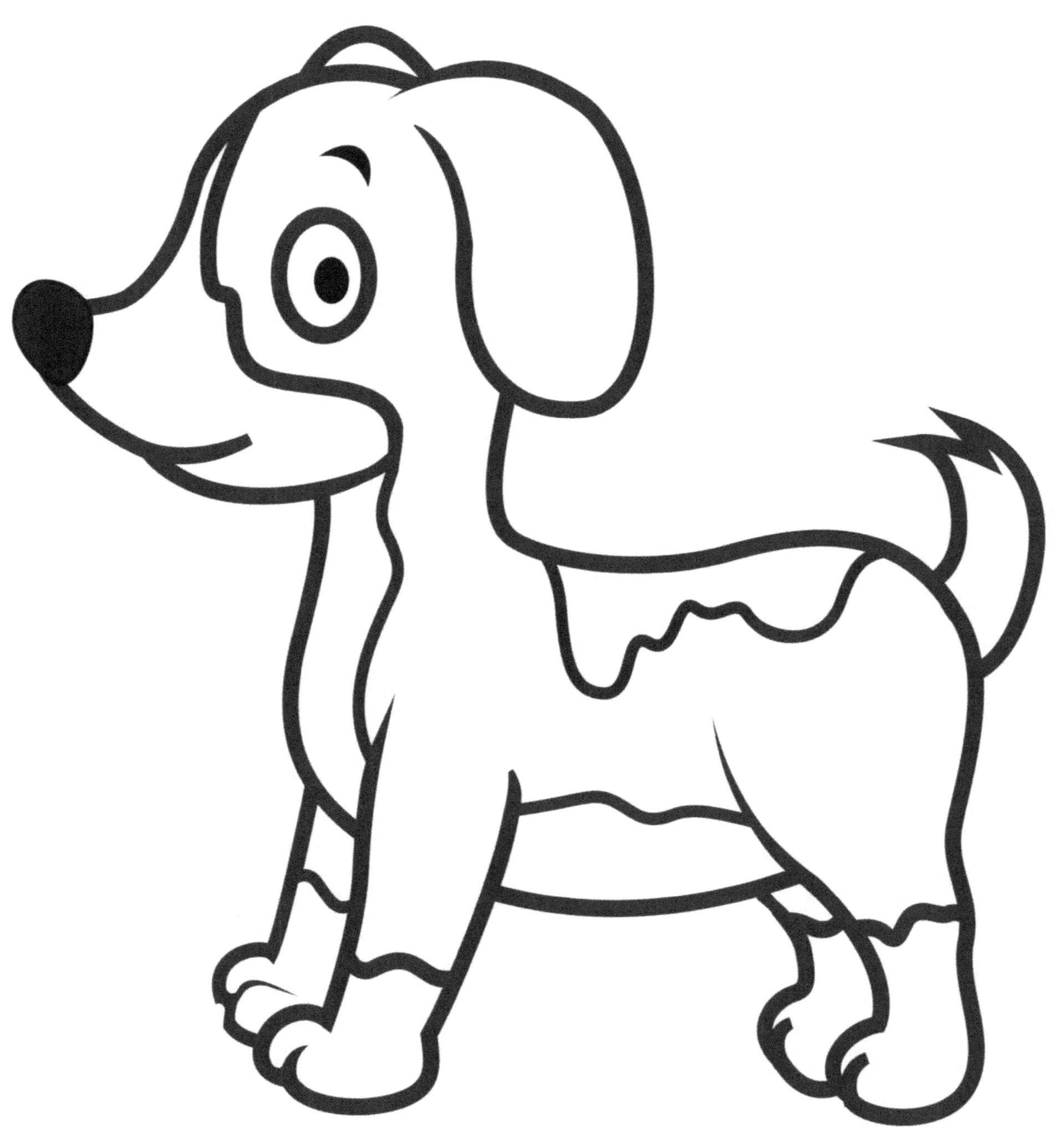

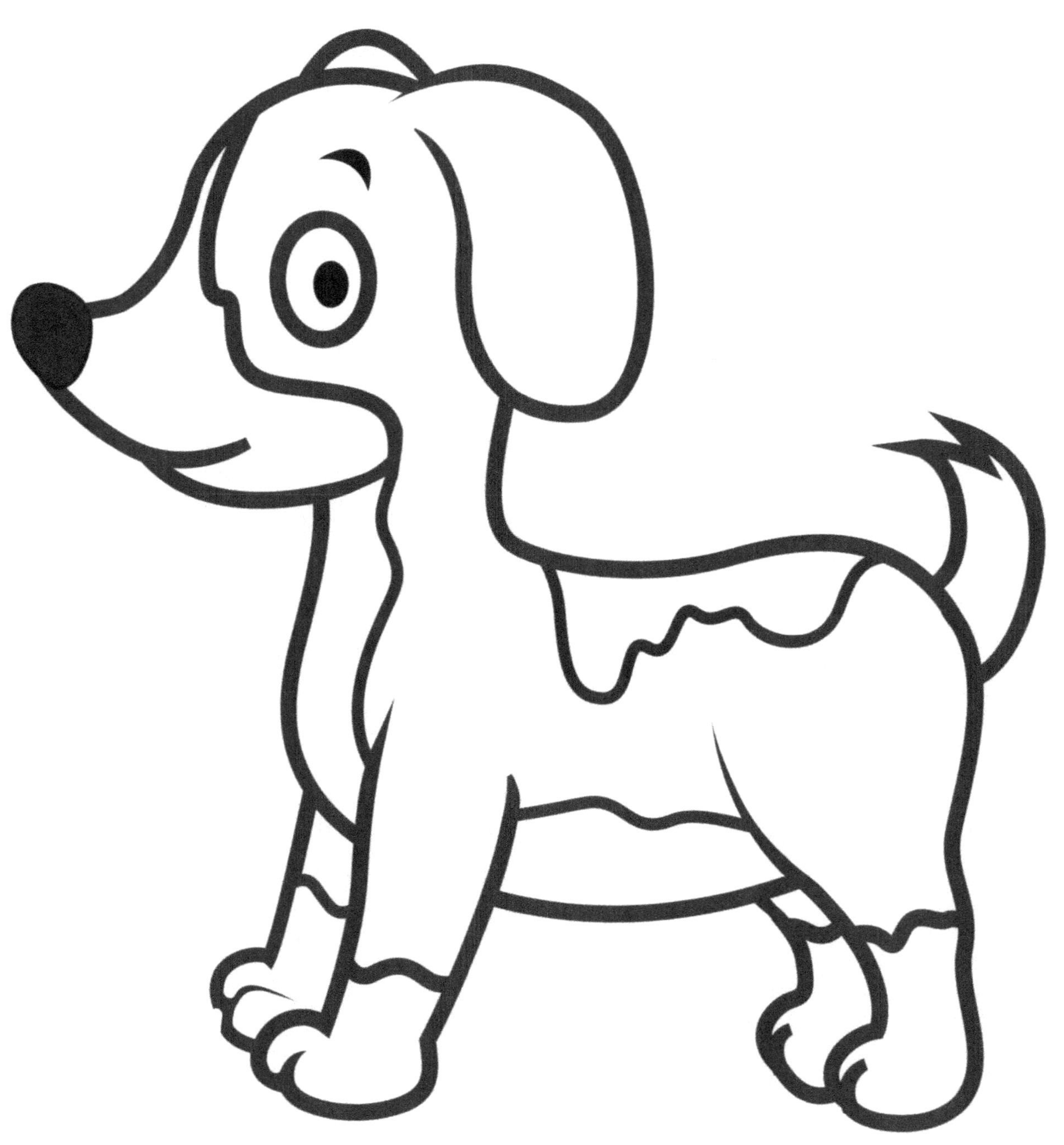

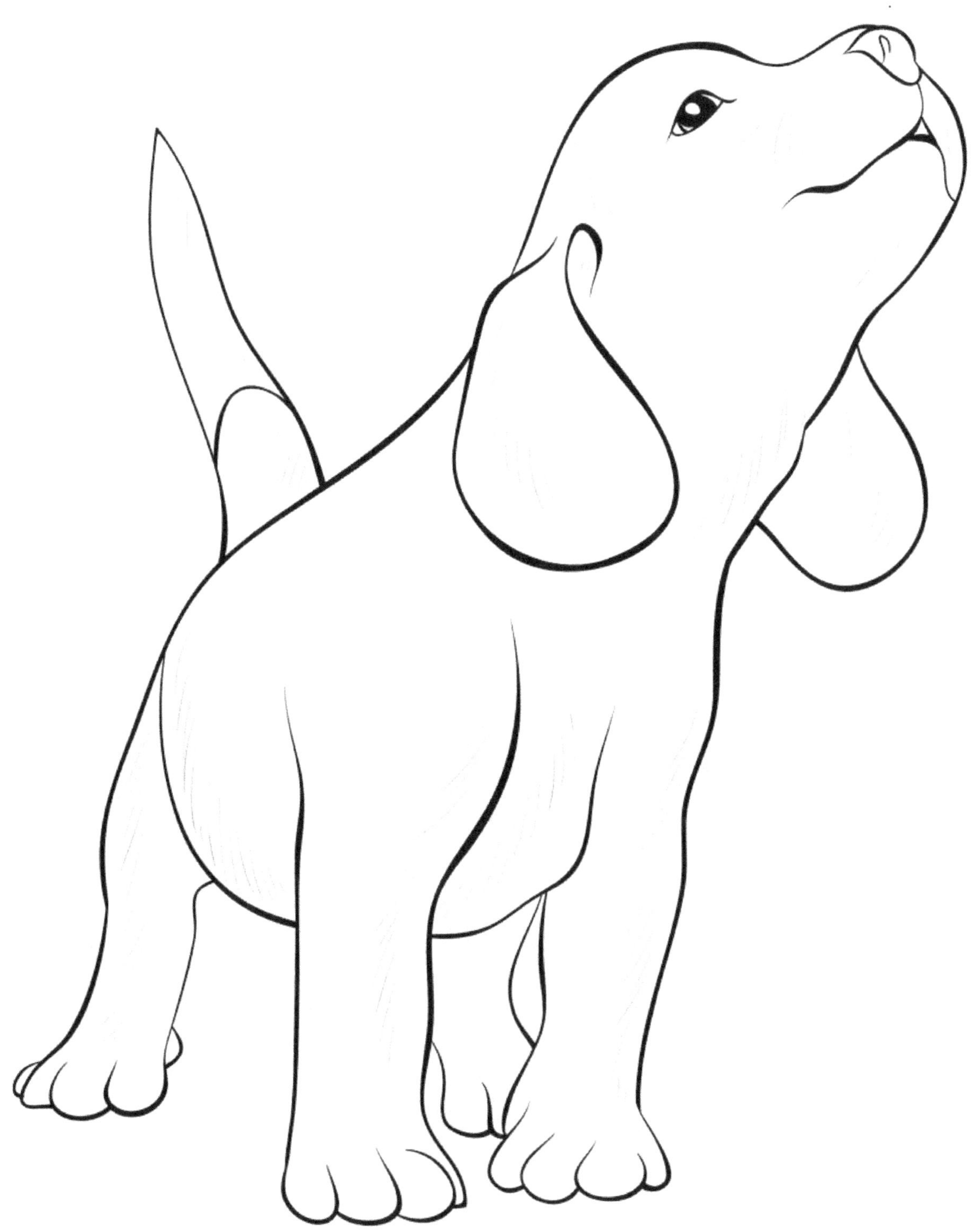

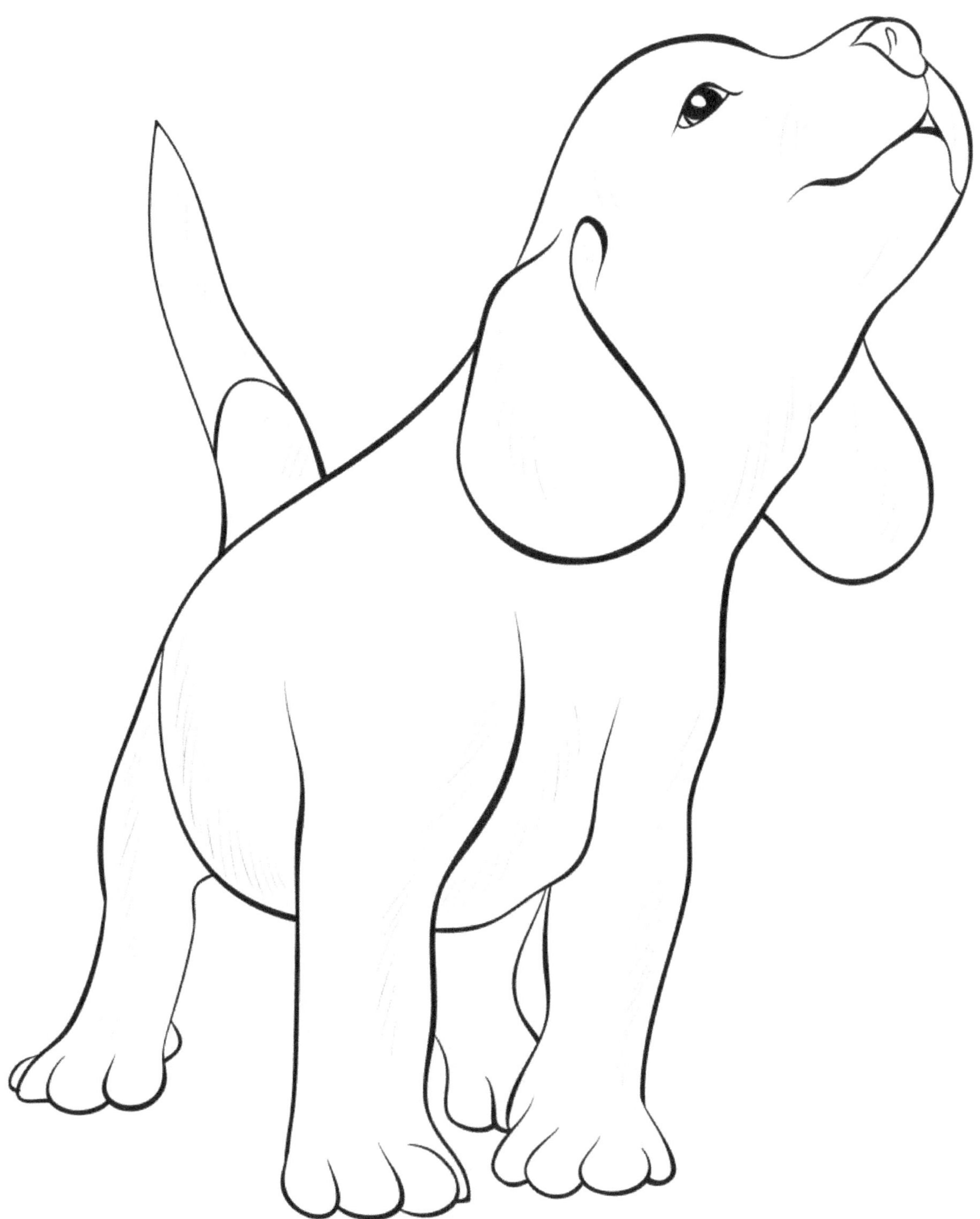